本丛书为云南大学"双一流"建设民族学一流学科建设项目成果

丛书编委会

本书为国家社科基金项目

"'魁阁'时期云南九村镇再研究"（16BSH003）阶段性成果

教育部人文社会科学重点研究基地

云南大学西南边疆少数民族研究中心文库

魁阁研究丛书｜主编 何　明　赵春盛

魁阁文献

③

云大社会学田野调查老照片

（1939-1954）

刘兴育　马雪峰　主编

社会科学文献出版社
SOCIAL SCIENCES ACADEMIC PRESS (CHINA)

"魁阁研究丛书"序

　　"魁阁"是表演中国传统社会文化中"耕读传家"的重要场所，呈贡魁阁却在近现代的时空际会中成为中国人文社会科学形成与发展的庇护所，这里的"魁阁"及其学人也因此被誉为中国现代学术集团的雏形。"魁阁时代"推动了人类学学科范式的转型，探索了中国之于世界的意义，是现代中国人文社会科学的滥觞。"魁阁时代"及其学人体认并经历了中华民族共同体的自觉，留下了滋养今天大学文化与学科建设的"魁阁精神"。

　　1938 年，吴文藻到云南大学从事社会学人类学讲座课程和研究工作，同时受熊庆来校长的委托创建云南大学社会学系并出任首届系主任。后来，云大又与燕京大学合作建立"燕京－云大社会学工作站"，由费孝通主持。费孝通在《从实求知录》中写道："不久，我也接踵从伦敦返国，立即投入云大新建的社会学系，并取得吴老师的同意在云大社会学系附设一个研究工作站，使我可以继续进行实地农村调查。这个研究工作站在敌机滥炸下迁居到昆明附近的呈贡魁星阁，'魁阁'因而成了这个研究工作站当时的通用名称。在这里我回想起魁阁，因为它是在吴老师尽力支持下用来实行他多年的主张为社会学'开风气，育人才'的实验室。"费孝通在回忆"魁阁"研究时说："真是想不到，将近 50 年前，为了油印他（张之毅）那本《易村手工业》，我曾一字一句地亲手刻写蜡板；过了这么半个世纪，最后还是轮到我，为了出版这本《玉村农业和商业》，又一字一句地亲自校阅他的修正稿。这段学术因缘，岂是天定？""魁阁"汇聚了费孝通、许烺光、陶云逵、瞿同祖、张之毅、田汝康、史国衡、谷苞、胡庆钧、李有义、张宗颖等一批当时中国杰出的社会学、人类学、民族学、法学等学科的研究者。尽管狭义的"魁阁"仅存在了 6 年左右的时间，"魁阁时代"的学人后来也星散于中国乃至世界各地，"魁阁"却被誉为中国现代学术集团的雏形。

在学科史意义上，费孝通的《江村经济》是人类学学科范式转换的里程碑。马林诺夫斯基在该书的序言中写道："这是一个中国人对自己人民的研究，这种方法对于西方人类学而言，实际上是很难能可贵的一种方法。"在完成云南内地农村的调查近50年后，费孝通在《〈云南三村〉序》中写道："《云南三村》是从《江村经济》基础上发展起来的……当我发表《江村经济》之初确有人认为解剖这么一个小小的农村，怎么戴得上《中国农民生活》这顶大帽子……如果我停留在《江村经济》不再进一步到《云南三村》，那么只能接受上述批评了……江村只是我认识中国社会的一个起点……目的是很清楚的，我认为，就是人要把自身的社会生活作为客观存在的事物，加以科学的观察和分析，以取得对它的正确如实的认识，然后根据这种认识来推动社会的发展。作为一个中国人，首先要认识中国社会。《云南三村》是抱有这个目的的。"如果说1939年用英文在伦敦出版的《江村经济》标志着人类学学科的"去殖民化、异文化"，那么《云南三村》则标志着人类学学科的"文化自觉、本土化"。

费孝通说，魁阁的学风是从伦敦政治经济学院人类学系传来的。现在放宽历史的视界回顾起来，广义的"魁阁时代"及其学人融汇了来自英国、德国、美国、法国、中国等国家的学术传统和学科素养。继人文社会科学"西学东渐"时期的"群学研究"之后，"魁阁时代"不仅是现代社会学中国化的重要环节，也是中国人类学、民族学、法学、经济学等现代人文社会科学的摇篮。"魁阁时代"学人的研究涉及学科之多，领域之广，留下的调查资料之丰富，研究成果之丰硕，成为后来者可以挖掘的一座学术富矿。目前，我们首批推出的"魁阁研究丛书"包括三类。第一类是"魁阁时代"学者的文集汇编、田野调查照片以及"魁阁村落"的档案集成，例如，《张之毅文集》《魁阁学者劳工社会学研究》《魁阁三学者文集》《云大社会学田野调查老照片（1939－1954）》等。第二类是后来者对"魁阁时代"田野点的再研究，包括《空间变迁与社会转型》《经济、社会结构与精神生活：安村、尾村再研究》《村庄研究的四个维度——"魁阁"时期四村再研究》《云南三村再研究》等。"魁阁时代"的田野点除了村落以外，还包括工厂、集市等类型。第三类是纪念"魁阁时代"的论文集以及其他文稿，例如，《纪念"魁阁"80周年研讨会论文集》和《魁阁》集刊等。在后续的魁阁研究中，我们将更注重挖掘积淀在"魁阁时代"学人原典中的"道隐无名"和方法论,并在"魁阁"田野点跟踪研究中走向一流学科建设更广阔的未来。

艰难岁月,薪火相传。"魁阁时代"的学人也在用自己的智识思考"中华民族何以是一个"的问题。张之毅在《论中国民族性的形成及其转变》中写道:"变是既定的事实,悲观没有用,保守没有用,空口提倡也没有用,现在的工作是怎样使青年们完成他们自我的人格,发展他们健全的个性,使他们学得应付生活的新知识,使他们依各人个性人格和兴趣各位育在一适当的地位,使全社会份子分工合作建立起和谐的生活,最后而最紧要的是建立起一种社会的公道,这些是决定今后新文化成功和失败的主要条件,值得大家注意和努力。"后来,1988 年费孝通在香港中文大学Tanner 讲演中说:"中华民族作为一个自觉的民族实体,是近百年来中国和西方列强对抗中出现的,但作为一个自在的民族实体则是几千年的历史过程中形成的。"从 1840 年那时起,世界给了中国一个苦难的百年转身;而通过新旧民主主义革命乃至新中国成立 70 年以来的艰苦奋斗,中国给了世界一个崭新的中华民族。铸牢中华民族共同体意识,坚持共同团结奋斗、共同繁荣发展,推动中华民族走向包容性更强、凝聚力更大的命运共同体,"万物并育而不相害,道并行而不相悖",不同文明、制度、道路的多样性及交流互鉴可以为人类命运共同体建设和人类社会进步提供强大的动力。

习近平总书记指出:"哲学社会科学是人们认识世界、改造世界的重要工具,是推动历史发展和社会进步的重要力量,其发展水平反映了一个民族的思维能力、精神品格、文明素质,体现了一个国家的综合国力和国际竞争力。"推进新时代中国特色社会主义建设伟大事业,一个重要的前提就是要用科学的理论和方法作指导,去认识中国与世界、理解中国与世界、建设中国与世界。费孝通在《〈云南三村〉序》中写道:"我们对自己的国家有信心,对自己的事业有抱负。那种一往情深,何等可爱。这段生活在我心中一直是鲜红的,不会忘记的。……我当时觉得中国在抗战胜利之后还有一个更严重的问题要解决,那就是我们将建设成怎样一个国家。……对中国社会的正确认识应是解决怎样建设中国这个问题的必要前提。科学的知识来自实际的观察和系统的分析,也就是现在所说的'实事求是'。"当我们重返魁阁,我们能感受到,在昆明市呈贡区的那座小楼里,在写过"故国月明中"的那根柱子旁,一代学人给后来者留下了"开风气，育人才"的教育理念和"报国情怀、社会担当、扎根田野、自由讨论、团队合作、传承创新、文化自觉、美美与共"的"魁阁精神"。

　　　　魁阁旧作读来晚
　　　　逝水流年望复空
　　　　灯下家园方块字
　　　　故国待晓月明中

　　是为序。

　　　　　　　　　　　　　2019 年 11 月 3 日午赵春盛谨识
　　　　　　　　　　　　　　　于东陆园

目
录

代序　国立云南大学社会学系概况 *

一　学系沿革及现状

　　社会学系自二十七年①秋吴文藻先生创办，迄今已正十年。已毕业学生五班，共十七人，先后在系内授课之教师，专任者计有吴文藻、陶云逵（已故）、费孝通、许烺光、瞿同祖、李有义、史国衡、张之毅、胡庆钧、罗振菴、王志诚、王康和萧鸣泉诸先生，兼任者计有陈达、潘光旦、李树青、吴富恒、戴世光、倪中方和万先法诸先生，此外，临时来系作学术讲演者计有中央研究院李济、吴定良、李方桂诸学者及美国 Prof. Garrson 等。故在师资方面，颇称充裕。惟自三十五年②以来，一方面由于系内教师，有出国讲学和深造者，一方面由于受复员影响，有少数专门学者，被清华等校借聘而暂时离系者，遂致一时稍感师资缺乏。惟自三十六年③度起，情形又趋好转，计现有教授三人即杨怡士，金琼英和杨堃三氏，专任讲师一人即刘德曾氏及助教二人即陈年榜和刘尧汉，而学生则有整四年级，共二十一人。图书杂志方面，在此十年中，先后艰苦添置结果，计现有英文书籍约一九五〇册，中文书籍约三百册及西文杂志约一百册，而此全部书籍，皆系本系所附设之研究室（见后）所购置。现因研究暂

---

　　*　摘自《中央日报》（昆明版）1948 年 7 月 3 日第 6 版。

　　本文背景：1948 年，新任系主任杨堃到任后，社会学系重整旗鼓。为继承和延续吴文藻、陶云逵、费孝通三位先生留下的精神遗产以及已开垦和未开垦的学术园地，不仅恢复重建社会学研究室，并在昆明郊区多处建立了社会学系工作站，还与《中央日报》（昆明版）合作，创办社会学研究专栏，为展示社会学研究成果及与校外交流提供了一个学术平台。《国立云南大学社会学系概况》一文是该专栏第一期中的一篇文章。

①　1938 年。——编者注，余同
②　1946 年。
③　1947 年。

告停顿，故暂陈列于系内办公室中，专供本系师生参考之用。此外，在本校图书馆中，尚有不少属于社会学和人类学方面之书籍杂志，亦可供作参阅。

二　课程及纲要

本系课程，系根据教育部所颁课程标准开设，但在一般标准之内，比较偏重于农乡方面。课程材料多系以本国文献和实地调查为基础，而再参考欧美最新教材，以资比较。课程原则和精神，在启迪和训练学生之分析和综合能力，重在材料之活用。如高年级班所修之"社区研究"一课，即根据师生实地研究所作之专刊报告，予以讨论。讨论范围，包括研究材料方面之补充；研究所得理论方面之开发；研究方法方面之探讨与说明，务使事实，理论和方法全能溶洽于一炉，便成一有机之总和。故此门功课，对于四年级同学在毕业论文方面，帮助颇大。近更鉴于历届本系同学，除少数有机会继续从事研究工作外，多半服务于教育界中，而本省及各地之社会服务事业及机关却反无本系同学插足其间，实属一大缺点。故下年度起，拟多开社会服务（Social Work）方面之课程，以应此种需要。惟社会服务必须与社会学原理打成一片，而此处所说之社会原理又常与人类学或民族学之实际研究，关系至密。

三　研究及出版

本系之研究工作，其特点为有一整个研究计划，在此总计划下，各自分别，独立工作。因而免除个别零散各自为政之弊，此亦整个研究关系，系依附于本系研究室一机构中进行之。兹将此机构沿革和工作，加以简略介绍。

（A）沿革：本系研究室系于本系创立之次年（即二十八年①）成立。主持为费孝通教授，所有研究人员，皆由系内教师充任。曾参加本室工作者，除上述在本系授课之专任诸教师外，尚有郑安仑、薛观涛、谷苞、田汝康、游凌霄和傅愫斐诸氏，皆在本室担任研究工作，惟主要导师，既系

---

① 1939 年。

本系专任教授。故除调查用费以及抄写用费津贴外，并不另支薪金。因此，本室经费开支，并不算多，而此有限之经费和设备，要皆得力于社会多方面之协助和支持，如燕京大学、云南省经济委员会、昆明农民银行、罗氏基金会、中华文化教育基金会、太平洋学会社会部以及教育部等机关和团体。基于经济上之协助和工作上之便利，本室与其他团体组织组成合作社会学研究机构，初名为：燕京大学、云南大学合作社会学研究室（The Yenching-Yunnan Station For Sociological Research），继又改名为云南省经济委员会、国立云南大学合作社会研究室。

（B）研究成绩：已由商务印书馆所出版者计有吴文藻先生主编社会学丛刊

甲集（社会学理论及方法论）四种

（1）费孝通等译——文化论（B. Malinowski：*Culture*）

（2）费孝通译——人文类型（Firth. ：*The Human Type*）

（3）费孝通著——生育制度

（4）张东荪著——知识与文化

乙集（乡镇社区之实地调查报告）四种

（5）费孝通著——禄村农田（得教部奖金）

（6）张之毅著——易村手工业（得中央研究院杨铨奖金）

（7）史国衡著——昆厂劳工

（8）田汝康著——芒市边民的"摆"

尚有多种或已完稿而正准备译成英文或正在编著之中，只因本室既亦暂停，故不详述。至于本系学生之研究工作，即可以毕业论文为代表，兹将其列举如下：

一九四三年学士论文

朱丹——昆明女佣

陈竞华——昆明敬节堂中的节妇

安庆澜——宁村之农业与手工业

常以谦——中国现代大学生之婚姻问题

一九四四年学士论文

王志诚——宗教的社会学研究

一九四五年学士论文

刘象寅——"昆明集园"及一个妓女的个案调查

一九四六年学士论文

张纪域——农民负担（路南凤凰山村调查报告）

李铭——盐业社区研究

唐培本——昆市童工——擦鞋童工与报童

侯奉瑾——昆市商店员工调查报告

游钜颐——家庭与土地

一九四七年学士论文

陈年榜——社区的新旧和主客（华侨社区研究）

刘尧汉——地主与佃农

何器——社区之间的械斗

王本洪——续绝——过继、领养和招赘

李奇——一个家庭蜕变的研究

第一部分
————

师生风采

社会学系从 1938 年创办到 1954 年撤销的 16 年，先后有专兼任教师 37 人，毕业生 127 人。我们仅搜集到部分师生的个人照和集体照，但也能从中展现出他们的风采。

教师个人照

系主任吴文藻（1938～1940）①

代系主任陶云逵（1940～1942）

系主任费孝通（1942～1946）

代系主任瞿同祖（1944）

---

① 括号内为在任时间，余同。

代系主任张之毅（1946）

系主任杨堃（1948～1953）

李有义

史国衡

谷苞

林耀华

许烺光

江应樑

胡庆钧

刘尧汉

陈年榜

集体照

吴文藻一家在云南呈贡

（拍摄于 1939～1940 年）

吴文藻与冰心

（拍摄于 1939～1940 年）

费孝通（一排左一）与社会学系学生在至公堂

（拍摄于 1942～1945 年）

许烺光（右一）及夫人董一南（右二）在魁阁

（拍摄于 1944 年）

许烺光（左一）与来访的李约瑟夫人（右一）及其子（中间）在魁阁门前
（拍摄于 1944 年）

社会学系一九四七级毕业生：刘尧汉（二排右一）、陈年榜（一排右
一）、李奇（一排中）

社会学系学生在会泽院

（拍摄于 1948 年）

杨堃（一排左一）、石堉壬（一排中）与社会学系学生在会泽院楼顶平台

（拍摄于 1948～1950 年）

　　社会学系女生：方笙筠（左一）、黄慧贤（左二）、吴逸云（左三）、胡琼珍（右一）在会泽院社会学系办公室（会泽院仰止楼）门前合影

　　（拍摄于 1949～1950 年）

教师石垧壬、高文英

（拍摄于 1949 年）

社会学系学生：方笙筠（二排左一）、董竹仙（二排左二）、李蓉芳（二排左四）、张璐华（二排左五）、高文英（二排右）、马恩惠（三排右一）、赵锡乾（一排左六）在会泽院仰止楼（社会学系办公楼）前

（拍摄于1949年）

社会学系师生杨堃（后排右四）、陈年榜（后排右五）、刘尧汉（后排右六）、李慰祖（后排右三）、黄慧贤（一排左一）、杨明英（一排左二）、高文英（一排左三）在圆通山唐继尧墓前合影

（拍摄于1949年）

江应樑（一排左三）、杨堃（二排左一）、李慰祖（二排左二）、石埔壬（四排右一）、陈年榜（三排右一）、高文英（一排右一）、赵锡乾（一排左二）、马恩惠（一排左一）等人合影

（拍摄于 1949 年）

社会学系教师、学生：石瑛壬（二排右一）、陈年榜（二排右二）、李慰祖（一排左一）、赵锡乾（一排右一）、陈明华（一排右二）、赵静庄（二排左一）、高文英（二排左二）合照

（拍摄于 1949 年）

社会学系学生：多吉（左一）、杨锐（左二）、张忍清（左三）、张炳钧（左四）、赵锡乾（右一）

（拍摄于 1948 ~ 1949 年）

　　为参加昆明市大中学校在昆明师院举办的文艺比赛，社会学系学生在排练民族舞蹈

　　（拍摄于1950年）

　　昆明市大中学校在昆明师院进行文艺表演比赛，社会学系表演的民族舞获得好评

　　（拍摄于1950年初）

　　晚年的费孝通（二排中）、陈永龄（二排左一）、林耀华（一排右一）、李有义（二排右一）到当时的中央民族学院吴文藻（一排左一）、冰心（一排中）家拜访

　　（拍摄于 20 世纪七八十年代）

晚年的谷苞（右一）与林耀华（左一）

　　（拍摄于 20 世纪七八十年代）

  1982 年 4 月 30 日费孝通（一排左四）与社会学系师生在昆明小吉坡（原民盟旧址）一排左到右：马雪如、高文英、金琼英、费孝通、朱赤平、刀世勋、龚荣星；二排：熊若华（左一）、赵静庄（左三）、庄梅英（左四）、赵鹤琴（左五）、李蓉芳（左六）、王继华（左七）、赵鹤鸣（左八）、杨明英（左九）；三排：李天定（左一）、尹寿铭（左二）、付其林（左三）

  陈年榜（一排左一）、江应樑（一排左二）、金琼英（一排左三）、李慰祖（一排右一）、吕数国（二排右一）、陈宝珠（二排右二）、杨锐（二排右四）、尹寿铭（二排左一）

  （拍摄于 1985～1988 年）

江应樑（一排右二）、金琼英（一排右三）、陈年榜（一排右一）与社会学系校友合影

（拍摄于 1985～1988 年）

江应樑（坐者右三）与他的学生在翻阅老照片忆往昔

（拍摄于 1985 年）

晚年刘尧汉

（拍摄于 1999 年）

陈年榜（左二）、王昭武（左一）与编者刘兴育（右一）在辨认社会学
系老照片的年代及内容

（拍摄于 2012 年）

第 二 部 分

社会学系师生做田野调查

社会学系将田野调查和社区研究作为探索社会学本土化的主要方法，也将其作为社会学系教学的一大特色。无论是教师的论著还是学生的毕业论文，都多是对当地社会经济、民族事务做的调查研究。本部分照片在一定程度上反映了当年社会学系师生在做田野调查、社区研究时的状况及所采用的调查方法。

费孝通（第二排左二）在禄丰县一村寨与当地人合影

（拍摄于 1938 年）

身披擦耳瓦、脚穿草鞋的江应樑（右一）与凉山黑彝头人合影

（拍摄于 1941 年初）

费孝通（一排左三）带学生做田野调查

（拍摄于 1943～1945 年）

林耀华（二排右四）在彝区做田野调查，与彝人保头（二排右一）及其妻女、亲属合影

（拍摄于 1943 年 8 月）

林耀华（右一）做田野调查
（拍摄于 1943 年）

费孝通（右一）、张之毅（右二）、王康（左一）在魁阁进行学术讨论
（拍摄于 1939～1944 年）

田汝康（右一）在做田野调查时与当地人合影

（拍摄于 1939～1944 年）

社会学系师生在集市做社会调查之一

（拍摄于 1939～1946 年）

社会学系师生在集市做社会调查之二

（拍摄于 1939～1946 年）

社会学系师生在集市做社会调查之三

（拍摄于 1939～1946 年）

社会学系师生登门访问调查对象

（拍摄于 1939～1946 年）

张之毅（一排左二）与学生在武定县狮子山

（拍摄于 1945～1947 年）

社会学系学生到昆湖电厂做社会调查

（拍摄于 1947～1949 年）

社会学系师生（右一江应樑，左一方笙筠）做社会调查

（拍摄于 1948～1949 年）

社会学系师生走出校门做田野调查

（拍摄于 1949～1950 年）

社会学系学生在云大幼儿园做调查

（拍摄于 1949～1950 年）

社会学系师生到山区做田野调查

（拍摄于 1949 年）

刘尧汉（左二）带学生到彝族撒梅人聚居的昆明东郊大麻苴村进行田野调查
　（拍摄于 1950 年 3 月）

江应樑参加中央民族访问团前往民族地区途中
　（拍摄于 1950 年秋）

费孝通在做田野调查

（拍摄年代不详）

第三部分
————

田野调查成果

社会学系师生通过田野调查和社区研究，取得了丰硕成果，出版专著及调查报告，为政府的决策提出依据。本部分由服饰、生活方式、建筑三组照片组成。其中，生活方式又分为劳动生活、消费生活及精神生活。本部分的照片在一定程度上反映了社会学系调查成果及注重研究的特点。

服　饰

服饰是人类文明的标志，又是人类生活的要素。它除了满足人们物质生活需要外，还代表着一定时期的文化。各时代不同民族都有各不相同的服饰。云南少数民族众多，各民族有自身独特的服饰，即便同一民族，因地域不同，服饰也会有所不同。对同一民族服饰的研究可以厘清该民族的农业和纺织业的发展、生产工艺水平等。

随着社会的发展，许多传统的民族服饰逐渐消失。本部分的照片展示的是 20 世纪四五十年代云南部分少数民族的服饰，其中一部分民族服饰已经消失，当年社会学系师生在做田野调查拍摄的这些照片，为今日研究这一时期民族服饰提供了宝贵的素材。

彝族

彝族是我国西南地区人口最多的少数民族之一，分布于云南、四川、贵州、广西四省区。云南绝大多数县里都有彝族分布，而以楚雄彝族自治州、红河哈尼族彝族自治州和哀牢山区、滇西北小凉山一带比较集中。除部分聚居区外，彝族一般都以"大分散，小聚居"的状况，与当地的其他民族交错而居①。

彝族的服饰，男子多与附近的汉族相同，唯妇女保留一些特点。滇中、滇南的未婚女子多戴鲜艳的缀有红缨和料珠的鸡冠式绣花帽。已婚妇女衣服的衣襟、袖口和领口边缘多有精美多彩的刺绣。峨山、石屏妇女的围腰刺绣做得特别美观。山区的彝族无论男女老幼，多披一件羊皮褂子，而小凉山和滇东北的彝族多着一件羊毛披毡——彝语称"擦耳瓦"②。

---

① 云南省民族研究所：《云南少数民族》，昆明：云南人民出版社，1980，第 1 页。
② 云南省民族研究所：《云南少数民族》，昆明：云南人民出版社，1980，第 1〕页。

宁蒗县彝族

宁蒗县彝族

昭通地区彝族

凉山喜德县彝族

凉山彝族

凉山彝族

凉山彝族

凉山彝族

彝族妇女

江城县彝族妇女

路南县圭山彝族妇女

路南县圭山彝族

路南县圭山彝族

路南县圭山彝族妇女

居住在昆明东郊大麻苴村的一户彝族撒梅人

昆明东郊大麻苴村的撒梅人儿童

彝族妇女

元江县彝族妇女

红河县彝族妇女

哈尼族

云南的哈尼族主要聚居在红河和澜沧江的中间地带。哈尼族有"卡多""爱尼""碧约"等自称和他称 20 多种，新中国成立后统称为哈尼族。

哈尼族的历史悠久，早期与彝族、拉祜族等同源于古代的羌人。隋唐时代，哈尼族与彝族的先民又同被称为"乌蛮"。

哈尼族的服饰多为黑色、蓝色花边。男子多穿对襟上衣和长裤，以黑布或白布包头，老人喜戴帽。女青年爱用银链、银币、银泡为胸饰[1]。

---

[1] 龚正嘉、刘建明等：《云南少数民族服饰与节庆》，北京：中国旅游出版社，2004，第20 页。

红河县哈尼族

元阳县哈尼族妇女

元江县哈尼族妇女

元江县哈尼族妇女

墨江县哈尼族

普洱县哈尼族妇女

元江县因远镇哈尼族妇女

元阳县逢春卜驻镇望哨的哈尼族妇女

元阳县哈尼族妇女

苗族

苗族主要聚居在贵州省的南部和湖南省的西部。云南的苗族主要分布在文山、红河两个自治州和昭通地区。大多数苗族是明代以后从湖南、贵州迁入云南的。

各地苗族的服饰不完全相同，男子多用布包头，身穿短衣裤，但苗族妇女的穿戴普遍比较讲究，尤其是盛装，极为精美，款式很多，有的裙子有四十多层，故名"百褶裙"。衣裙上面绣制的各种图案，古色古香，异彩纷呈①。

武定县苗族

---

① 龚正嘉、刘建明等：《云南少数民族服饰与节庆》，北京：中国旅游出版社，2004，第32～33页。

武定县苗族

武定县苗族

两个顽皮的苗族儿童

苗女服装图案

苗族男子

安宁县苗族（前排左一）、彝族

傈僳族

傈僳族主要聚居在云南西部的怒江傈僳族自治州，其余散居在丽江、保山、迪庆、德宏、楚雄和大理等地区。

傈僳族妇女的服饰非常美观，按照各地所穿着的服饰颜色的差异，傈僳族又分为白傈僳、黑傈僳、花傈僳三支。聚居在云南怒江州一带的白、黑傈僳妇女普遍穿右衽上衣，麻布长裙。已婚者耳戴大铜环或银饰，长可垂肩，头上以珊瑚、珠料为饰。年轻姑娘喜欢用缀有小白贝的红绒系辫。泸水县一带的黑傈僳妇女则不穿长裙，上衣右衽，腰间系一小围裙，穿长裤，戴青布包头，耳戴小珊瑚一类的饰品。永胜、德宏一带的花傈僳服饰更为鲜艳美观，妇女均喜在上衣及长裙上镶绣许多花边，头缠花布头巾①。

永胜的傈僳族男子

---

① 龚正嘉、刘建明等：《云南少数民族服饰与节庆》，北京：中国旅游出版社，2004，第36页。

壮族

　　云南省的壮族主要聚居在文山壮族苗族自治州，此外，在昭通、曲靖、红河、楚雄、大理等地州的少数地区亦有分布。除文山州部分地区有壮族聚居区外，其他地区都是壮族与其他民族杂居[①]。

　　壮族男子着青布衣，以尺帕缠头，其他与当地汉族男子无更多区别。女子服饰，别具风格：她们多着青布蜡染筒裙，分有皱折和无皱折两种；身上着无领斜襟衣，衣角、袖口镶有银排和绣有花边图案；缠头巾上的小方巾花案更是精致。凡胸兜、鞋、帽之类，往往也用色丝线绣上花纹、鸟兽、人物、折枝、花卉，无不色彩艳丽，栩栩如生[②]。

屏边县新华乡壮族妇女

---

① 云南省民族研究所：《云南少数民族》，昆明：云南人民出版社，1980，第50页。
② 云南省民族研究所：《云南少数民族》，昆明：云南人民出版社，1980，第55页。

文山州壮族妇女

文山州壮族妇女

傣族

傣族是一个历史悠久的民族，其中在云南省内的傣族主要在西双版纳、德宏、普洱等地区。

傣族男子着无领对襟或大襟小袖短衫，下着长管裤，多用白布或蓝布包头。男子文身的习俗很普遍。妇女服饰，因地而异。西双版纳妇女上着白色、绯色或天蓝色等紧身内衣，大襟或对襟圆领窄袖衫，下身为花色长筒裙。结发于顶，插梳子或顶花头巾。在德宏，妇女婚前穿白色或浅蓝色大襟短衫、长裤，束小围裙；婚后着对襟短衫，黑色筒裙。青年妇女多束发于顶，中年以上则戴黑色高筒帽[①]。

---

① 云南省民族研究所：《云南少数民族》，昆明：云南人民出版社，1980，第 76～77 页。

德宏州傣族

德宏州傣族

元江县傣族妇女

元江县傣族妇女

元江县傣族妇女

元江县傣族妇女

瑶族

瑶族分布于广西、广东、湖南、贵州和云南等省区。云南的瑶族是明清以后分别从两广和贵州迁入文山境内的。以后又分迁到红河流域和墨江、勐腊等地。

瑶族过去因其居住和服饰等方面的特点不同，曾有"过山瑶""红头瑶""大板瑶""平头瑶""蓝靛瑶""沙瑶""白头瑶"等自称和他称。在风俗习惯方面一直保留本民族传统的特点，尤其在男女衣着上更为明显。瑶族妇女善于刺绣，在衣襟、袖口、裤脚镶边处都绣有精美的图案花纹。发结细辫绕于头顶，围以五色细珠，衣襟的颈部至胸前绣有花彩纹饰。男子则喜欢蓄发盘髻，并以红布或青布包头，穿无领对襟长袖衣，衣外斜挎白布"坎肩"，下着大裤脚长裤。①

---

① 龚正嘉、刘建明等：《云南少数民族服饰与节庆》，北京：中国旅游出版社，2004，第54 页。

元阳县红头瑶妇女

元阳县红头瑶妇女

文山州富宁县蓝靛瑶妇女

蓝靛瑶妇女背影

怒族

怒族主要分布在云南省怒江傈僳族自治州的贡山、碧江、福贡三县及兰坪县的兔峨乡。此外，迪庆藏族自治州的维西县也有少数怒族居住①。

怒族男女均喜欢穿用麻布织的衣服，成年男子喜欢在腰间佩挂砍刀，肩背弓弩及兽皮箭包。福贡一带的已婚怒族妇女喜欢在衣裙上加许多花边，在头部和胸部佩戴珊瑚、玛瑙、贝壳、料珠等装饰品，耳戴铜环，贡山的怒族则只佩胸饰。②

怒江州怒族男子

① 云南省民族研究所：《云南少数民族》，昆明：云南人民出版社，1980，第232页。
② 龚正嘉、刘建明等：《云南少数民族服饰与节庆》，北京：中国旅游出版社，2004，第72页。

独龙族

独龙族是我国人口最少的民族之一，主要聚居在云南省怒江傈僳族自治州的贡山独龙族怒族自治县的独龙河谷，约有百分之十左右的人口散居在贡山县北部的怒江两岸。[①]

独龙族的传统服装一般穿黑白直条相交的麻布或棉布衣，男子下穿短裤，习惯用一块麻布从左肩腋下斜拉至胸前，坦露左肩右臂。女子多在腰间系戴染色的油藤圈作装饰，以前有文面的习俗。男女不戴帽，多披头散发、赤足。现在服饰已有了较大改观，妇女仿傈僳族穿长袖衣裙，并佩戴彩色料珠链串，男子喜欢挎腰刀、弩箭。[②]

怒江州独龙族男子

---

① 云南省民族研究所：《云南少数民族》，昆明：云南人民出版社，1980，第267页。
② 龚正嘉、刘建明等：《云南少数民族服饰与节庆》，北京：中国旅游出版社，2004，第90页。

基诺族

基诺族自称"基诺"，汉文译称为"伙乐"，聚居于云南省西双版纳傣族自治州景洪市的基诺洛克（攸乐山）。[①]

基诺族男女皆喜爱戴大耳环，耳环眼较大。他们认为耳环眼的大小，是一个人勤劳与否的象征，所以从小就穿耳环眼，随着年龄的增长而逐渐扩大。基诺族男子穿宽裤、无领对襟白色外衣。女子挽高发髻，头戴三角形尖帽。在白背心上绣有各色图案，外着无领长袖外衣，下穿黑色红边的合缝裙子。基诺族喜欢穿自织的带有蓝、红、黑色纹的土布。[②]

基诺山村寨里的基诺族妇女

---

① 云南省民族研究所：《云南少数民族》，昆明：云南人民出版社，1980，第278页。

② 龚正嘉、刘建明等：《云南少数民族服饰与节庆》，北京：中国旅游出版社，2004，第81页。

生活方式

社会学系师生在做田野调查中，拍摄了当年人们的劳动生活、消费生活和精神生活的活动方式。这些活动方式表现了特定时期、不同民族的生活方式。

劳动生活

宁蒗县的彝族男子与其猎犬

东川、昭通一带在放牧的彝族男子

凉山彝族妇女织布

在街上纺线的墨江县哈尼族妇女

背着柴火的墨江县哈尼族妇女

在福贡县亚谷公房织布的傈僳族妇女

采茶的傣族妇女

舂食物的妇女

晒场打谷的妇女之一

晒场打谷的妇女之二

晒场打谷

晒场劳作

晒场碾谷

摔草垛

田间劳作

傣族男子在摘树叶

消费生活

佛海（今勐海县）街头卖酸菜的傣族妇女

禄丰县集市

（拍摄于 1938 年）

禄丰县一村落的人们

（拍摄于 1938 年）

赶街

赶街

赶街

赶街

赶街

赶街

精神生活

（1）1951 年春，云南少数民族欢迎中央民族访问团

傣族代表在欢迎中央民族访问团大会上讲话

卡瓦代表田兴文在欢迎中央民族访问团大会上讲话

傣族妇女欢迎中央民族访问团到元江县

佛海（今勐海县）的傣族小姑娘列队欢迎中央民族访问团

车里（今景洪市）傣族民众牵着大象在前为中央民族访问团开道

中央民族访问团乘船到达车里（今景洪市）

参加普洱专区第二次会议的少数民族代表向进入普洱县城的中央民族访问团第二分团献旗

思茅各族民众欢迎中央民族访问团

向中央民族访问团献礼的傣族民众

1951 年立于普洱红场上的民族团结誓词碑

支持抗美援朝运动深入祖国边疆，傣族小和尚参加抗美援朝游行

（2）文体活动

元阳县彝族舞蹈

（拍摄于 1951 年）

建水县坡头哈尼山寨的铓鼓舞

（拍摄于 1951 年）

武定县苗族芦笙舞

（拍摄于 1951 年）

武定县苗族男子表演吹芦笙

（拍摄于 1951 年）

武定县苗族表演吹芦笙

（拍摄于 1951 年）

苗族芦笙舞

（拍摄于 1951 年）

傣族民众在耿马县土司衙门前跳舞
（拍摄于 1951 年）

拉祜族民众在耿马县土司衙门前跳"倮黑舞"
（拍摄于 1951 年）

中甸县藏族在丽江广场上表演骑马术

（拍摄于 1951 年）

（3）葬礼

玉溪一户人家举行的葬礼

（拍摄于 1939 年）

玉溪一户人家举行的葬礼

（拍摄于 1939 年）

建　筑

　　社会学系师生在做田野调查时，拍摄了不少当年有代表性的城乡建筑、市井及湖泊。这些照片，不仅展现了过去的市容风貌，也为研究云南各民族、各时期的建筑、市井等的特点留下参考资料。

禄丰县一村寨远景

（拍摄于 1938 年）

20 世纪 40 年代滇池一瞥

20 世纪 40 年代昆明城区一角——护国门

20 世纪 40 年代昆明城区的主要街道——金碧路

昆明郊区的汉族村寨之一

（拍摄于 1951 年）

昆明郊区的汉族村寨之二

（拍摄于 1951 年）

傣族村寨的竹楼

（拍摄于 1951 年）

车里（今景洪市）宣慰使的私宅

（拍摄于 1951 年）

西双版纳橄榄坝一村寨

（拍摄于 1951 年）

橄榄坝的缅寺佛塔

（拍摄于 1951 年）

橄榄坝的小缅寺

（拍摄于 1951 年）

西双版纳景洪宣慰司议事庭庭长景哈的住房

（拍摄于 1951 年）

基诺族村寨的竹楼

（拍摄于 1951 年）

西双版纳的竹桥

（拍摄于 1951 年）

元阳县的哈尼族梯田

（拍摄于 1951 年）

第四部分

成果展

19 世纪末社会学引入中国后，从事社会学的中国学者一直在努力寻求社会学的本土化，并取得了巨大的成就。为了使云南民众了解社会学及其研究成果、争取政府与民众对社会学研究的支持，1949 年 4 月 20 日云大社会学系借校庆在会泽院举办了"边疆文物展览会"，展出了师生搜集到的民族文物和研究成果。这是云南省首次举办的民族展览，引起了社会各界极大关注，参观者络绎不绝，对增进各民族间的互信、互爱起到良好的作用。如今呈贡区政府又将云大社会学系研究室的旧址（即大古城魁阁）列为重点文物保护单位，在"魁阁"内陈设了原云大社会学系"魁阁"研究室人员的照片及使用过的实物，并以此作为永久性陈列室，对外开放，使"魁阁"精神薪火相传。

1949 年 4 月 20 日社会学系在会泽院举办边疆文物展览一角

1949 年 4 月 20 日社会学系展览一角

边疆文物展览主展厅之一

边疆文物展览主展厅之二

参加社会学系展览的全体人员在展厅合影：江应樑（右三）、陈年榜（右一）、杨堃（右二）、方国瑜（右四）、石埔壬（左二）、刘尧汉（左一）、李慰祖（左三）

1949 年 4 月 20 日《正义报》第六版上关于云大社会学系主办的边疆文物展览的特刊

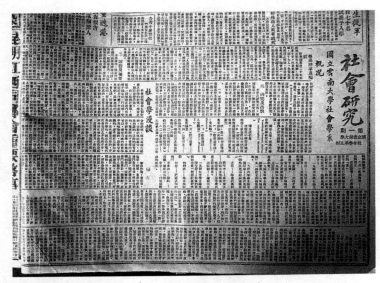

昆明《中央日报》1948 年 7 月 3 日第六版《社会研究》专刊介绍云大社会学系

《禄村农田》《内地女工》《汉夷杂区经济》油印本（1941）

20 世纪三四十年代的呈贡魁阁

20 世纪六七十年代的呈贡魁阁

远眺呈贡魁阁

（拍摄于 1940～1944 年）

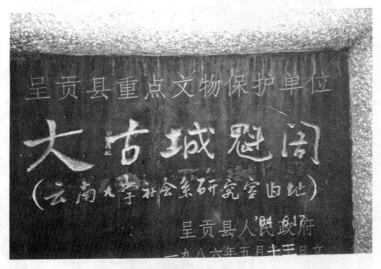

呈贡大古城魁阁

（拍摄于 1990 年）

呈贡大古城魁阁

这一次展出

江应樑

　　这一次展出，确乎不是一件倖致的事，虽然展出的内容仍够不上称为丰富，但集中千余件边疆民俗品、照片、专门著作而作专门性质的公开展览，在本省尚可以说是创举。——二十八年春天，本系尚在孕育而未诞生的时候，国内研究边疆民族社会的学者们都群集于昆明，曾经各人把收存的边疆照片物品在会泽院的一间教室中展出过，但那仅是同道间私人的互相观摩，和这一次展出的意义是不同的。

　　去夏杨象乾先生自北平来主持本系，确定了重视边疆社会研究的方针，由此而引起全系同学对边区的研究兴趣。秋间我应象乾先生约返滇任教本系，由于志趣相投，便随时相与计划如何充实本系社会研究室以至成立边疆研究部门。在象乾先生倡导和全系同事同学的合作下，筹备了这一次的展览会。展出品的来源，除少数部分是研究室原有者外，大部分是本系同人私人多年搜集而保有者。本校文史系主任方国瑜教授，把多年搜集珍藏着的珍贵民俗品、照片、专著，也参加了展出。本省民政厅边疆行政设计委员会，过去也搜集了不少边疆文物，这次承该厅把六十几件边疆物品用借与的名义移交本系保存研究，也就成为此次的展出品。此外则昆明外西乡大墨雨村夷胞，也带来若干件民俗品热心地参加了展出。由这多方面凑成了这次展览会的全部出品。

　　全部展出品共约千余件，分为如下九类：

　　一、边疆夷族照片　　包括边民二十一种：水摆夷、旱摆夷、大凉山的独立罗罗、傈僳、卡瓦裸黑、山头（开钦）、路南的撒尼、阿细、昆明东乡的撒梅、西乡的夷人、北乡的白子、大理的民家、崩龙、阿昌、西藏、海南岛五指山的黎苗、广东北江绥人、贵州花苗、青苗、水家。

　　二、边疆文字　　计有爨文（罗罗文）、正勒文（水摆夷文）、瓦捏文

124

（旱摆夷文）、摩些文、苗文、傈僳文、西藏文、蒙古文、印度文、越南文等十类。

三、边民宗教用品　　其中有贝叶经、东巴经、西波经、摆夷文写经、毕摩经、西藏佛像、罗罗灵台、罗罗巫师跳神时的法鼓等物。

四、边民艺术制作　　包括各族边夷的刺绣品、绘图、音乐器具、金银制造的器皿等物。

五、边民衣服及装饰品　　计有下列十二种边民的穿戴物品：水摆夷、旱摆夷、罗罗、古宗、傈僳、阿卡、崩龙、民家、攸乐、撒尼、昆明夷、台湾番族。

六、边民用具　　有傈僳用的大刀、猎弓、弩箭、酒具、古宗的木碗、藏人的书简等。

七、边疆古物　　有卡瓦山卡瓦王的印谱、广西僮人区内出之的诸葛铜鼓、昭通出土的汉代古砖及汉朝镍币、大姚出土的梵文砖和古碑拓片。

八、研究西南边疆的专门著述　　以研究云南民族的著作为多，次则关于西南边区的一般著述，再次则与云南民族有关之缅甸、暹罗、越南、印度、马来，以至非洲等地民族的著述，或为近代出版的专书，或为古籍中之专著，或为散见于各种刊物上的单篇，其中西文著作的占十分之一。

这一千件展出品，数量虽不算多，但来头却不很容易，都全是各人积多年的辛勤，从边远的夷地中，点滴搜集而来的。例如二百八十帧照片，便多数是拼着性命深入蛮荒而获得者，凉山罗罗掳掠汉人为奴隶，野卡瓦杀人头以祭谷，摆夷区是著名的烟瘴地，五指山中毒蛇猛兽吃人不见血。这些地方，何以我们这些书呆子居然敢不怕死的走入去？这心情诚非坐在天鹅绒的沙发上的人们所能理解。大家对这些地方抱着神秘的感念而苦于不能亲往一游的，从这二百八十帧照片里，可以让大家窥见点滴真相。国人对于西南边民一向以野蛮视之，都以为在边地里无文化可言，然而事实上，请看我们展出的物品中，虽然边民们的衣物，如阿卡（居车里）的妇女花帽，攸乐（亦车里特有之边夷）妇女的花衣管裙，傈僳、崩龙的大耳环，都使观者有奇异之感。但是，他们的工艺、他们的制作，其精巧处有时是为汉人所不及的。艺术制作中，有一幅芒市摆夷的织锦，是一位摆夷姑娘花了三个整年的光阴而制成的，用绿色金线织成复杂的图案，色调之艳丽与花纹之复杂，恐非一般内地人可能做得出。银制的各种器皿精致的做工与古雅的式样，谁也不会相信是边夷们仅凭一双手一把小铁锤而创作出来的。再看边疆文字题，苗文、罗罗文，那是西洋传教士用拉丁字母为他们造的，固然不能视为边民文化，而捐吏文，确不能不承认是比较我们的方块字简易而趋时的文化工具。我们展出了一幅用摩些文写的故事，下面附着汉文翻译，逐句对照着，使我们惊异此种边民文化，无怪乎西人甘愿以毕生精力由国家资助而弃车研究。——文化而外，也还有一些另具有其他意义的物品，例如一般人视为神秘宝贝甚至相信可以镇邪的贝叶经。二十年前，我在上海便亲眼见到以两页贝叶经而换得两年学费的事，在此次展览会里，便陈列着由四个边区搜集来的一百多页贝叶经。卡瓦山的班洪王，盛名远扬达数百年之久，会场中一册班洪王和卡瓦山其他卡瓦王的印书。

在我们，却并不是想把一些奇异的物品用来满足大家好奇的欲望。这一次的展览会，我们是具有三个愿望的，一是想由这次的展出，使社会上一般人士对边区有一个正确而具体的认识，进而引起对于边疆的注意。再是想做一种系统的资料搜集工作，以供研究边疆人士的参考。所以我们对展出的照片、民俗品及书籍，都做了一个详细的目录及索引。会后虽然这些书物都得分散了各归原主，但我们有了这一个目录及索引，需要研究参考时，便不难按图索骥借到原物。最后的愿望便是若能由这次展览引起了一些人士的兴趣而乐与我们共同工作或赞助，我们便可作进一步的努力，能在西南民族研究的宝库中为云南建设起一个边疆博物馆，使成为一个国际性的资料库及研究站，则在人类学术上，当不失为一个有价值的贡献。

摘自《正义报》1949 年 4 月 20 日，第 6 版

国立云南大学社会系边疆文物展

发刊词

杨　堃

　　这个边疆文物展览会是我和江应樑教授，石埔壬、李慰祖两讲师，陈年榜、刘尧汉两助教，我们六个人，共同筹办的。在资料方面，曾得到民政厅安厅长、文史学系方国瑜主任及本系大墨雨工作站李办事员诸先生的赞助。在准备工作方面，本系大部分同学均曾参加。他们在我等指导之下，本着一面工作，一面学习的热情，昼夜不停，工作不懈。另有艺术家徐行先生，在绘图及设计方面给我们许多帮助，苏树勋、柳肇曾两先生，替我们放大照片。本校图书馆彭主任，在图书方面，亦均给我们许多便利。这全是值得感谢的。

　　这个展览会虽然简陋，不值得批评。但在昆明还是空前的创举。再加上我们没有经费，没有津贴，又没有充分的时间，仅在此数日中加速工作，草率从事，不完不备，自然难免。

　　我们这个展览会的意义，一方面是要庆祝本校二十七周年的校庆，一方面亦想趁此机会，说明边疆研究与人类学博物馆的重要，以便引起大家的注意。

　　我们这几个人，不希望作官，不希望发财。对政治既无兴趣，自然是属于一般所说的无党无派的知识分子。然而我们的兴趣，却全在社会学一方面。社会学的范围，本来很广。内中包括的部门与学派，又极复杂。但我们认为社会学在今日，已由介绍时期，进到建设时期。大家必须各就兴趣所近，并在客观条件许可之下，每人选定一个社区，认准一个题目，在小范围之内，去作深入而专门的专利研究。仅有在若干年后，此类专利之数量，已相当多。然后比较的与综合的研究，方有可能。这在我们看来，乃是建设中国社会学的唯一途径。

我们的兴趣，不仅是在社会学，而且是在人类学。人类学乃是社会学的一枝，是专讲初民社会和边疆民族的。社会学尚可说是一门历史的科学，尚可在历史的文件中去作探讨，而人类学却是一门观察的科学和试验的科学。因为初民和边民，往往没有文学，没有文献，而且语言、风俗，以及各种社会制度，在在均与我们的不同，除非亲往调查，实际观察之外，实无他法可循。又因为此类边民所住的地方，大半是交通不便，自然环境恶劣，而且是近代设备毫无，故一切文明人均视为畏途，即一般人类学家亦不见全有机会，可以亲往，而且人类学也是一门极专门的科学，内中包括许多理论，许多技术，非经过相当时期的学习，受过相当时期的训练，不能取得。而如此的学习，又须靠有实物或标准，绝非仅有文字即可胜任。因此之故，所以现代一切人类学研究机关，均须设有专门的人类学博物馆或陈列室以及专门的实验室和适当的田野工作站。没有这样的设备，决不能研究人类学。

云大社会系虽属国立，然而它既设在云南，就不得不与云南发生密切的关系。再本着分工合作与就地取材的原则，我们的研究对象，自然也就是云南民族与云南社会了。

我们很幸运，得到了这样一种理想的园地。此园地如何属于理想，此处不必述再。江应樑教授在《西南社会与西南学》一文内已经有过详细的说明，大家可以参看（见本市，《中央日报》，《社会研究》，第十二期及十三期，及广州珠海大学出版《社会学报》第二卷，三十八年一月）。但我们还想一述的，乃是本系自民国二十七年，由吴文藻先生创办时起，即已规定了，它的工作目标是在于云南的民族学或人类学。所以当时本系的名称，原拟叫作人类学系，只因人类学一名称在当时还未流行，故始改称为社会学系。吴先生又在本系之外，发起并成立云南民族学会，出有《西南研究》数期。后吴先生因故离昆，此种结构，始形停顿。但在系务方面，吴先生以后，改由陶云逵先生主持。陶先生乃是一位杰出的人类学家，对于系务及云南民族之调查与研究，贡献特大。可惜短命，作了人类学界的牺牲者。陶先生以后，主持系务者，是费孝通先生。费先生乃是人类学大师，马林诺斯基教授的高足，除去他个人的著述之外，他又替本系开创了一个研究室，并将人类学的范围扩大，用人类学的方法及观点，来研究整个的西南社区，对本系的贡献，尤为重大。现在吴、陶、费三位先生，虽均已不在云大，均离开我们，然而他们三位所留下的精神遗产以及已经开垦的和未经开垦的学术园地，我们必须继承下来，并使之发扬光大，继长增高，方不负他们三位的开创之功。

我们几个人，来到本系服务，最久的还不到一年，最近的还不到三个月。而且大环境这样恶劣，整个云大没有办法，我们社会学系，为何能有办法？然而我们却不论环境如何，阻力如何，在费先生去后，停顿已久的研究室，我们已将它恢复，而且更为充实了。我们曾努力，想着筹设一个人类学实验室，虽说尚未办到，然而已经在昆明西北郊的大墨雨村，开辟了一个人类学的工作站。我们虽说没有一文钱，并且道路不靖，那方的治安，亦有问题，然而我们这个工作站的研究工作，却是始终继续着，未曾停止（请参看，刘尧汉的报告），我们为工作起见，当然还需要添购仪器，添购标本，并需要增购专门的图书与期刊。在研究与出版方面，我们亦已拟妥了进行的计划，并已经写出了专刊小论等，准备出版，只因我们没有钱，既然办不到，不如不开口，免得别人说我们，虚作宣传，买空卖空。

我们这个展览会，虽说简陋，然而它的意义，却颇重大。云南的边疆文物既之这样丰富，这样富有学术的价值以及实用的价值，我们能对之而漠不关心么：我们这几个人，要借此机会，向诸校友及诸地方贤达，公开宣言，我们要立定主意，终身从事于我们的学术工作。无论环境怎样坏，生活怎样苦，我们绝不改行，绝不轻易离开我们的岗位。但我们应作之事太多，而我们的能力实太薄弱，人数又真太少。我们不希望得到金钱的援助，但希望能得到几个志同道合的同工者。倘有人愿将边疆文物一类的器物、照片或书法见赠，使我们这个不完不备的展览会，能逐渐形成为一个比较充实的边疆文物博物馆，作为我们的实验室，那不仅是我们的幸运，实亦是西南学术界一件大事业。凡愿同我们合作或肯向我们赐教者，我们均愿以无限的诚意及敬意，表示接受与感谢！

摘自《正义报》1949 年 4 月 20 日，第 6 版

附录一

本系工作站——大墨雨村概况

刘尧汉

自然科学有实验室，社会学是科学，也有它的实验室。本系工作站大墨雨村就是本系的实验室。它距本市西北三十华里，是个夷人村落，全村八十五户，概系夷族。其中虽有五户是白子人（即民家人），但已全夷化，他们的语言、风俗、习惯跟夷人没有两样。该村隐藏山谷，游客少至。村西三里是茨沟村，北五里小墨雨村，东十里花红园村，南十里三家村，东南十五里即本市郊外名胜筇竹寺。它周围这四村，只有三家村是白子人，余三村均系夷人。茨沟及小墨雨两村的居民，原住大墨雨村，后来人口增加，才向外拓殖。大墨雨村算是茨沟及小墨雨的母村。这三村在现行政系统下，是昆明县玉案乡所属的一个保单位（第三保）。

本村位处深谷，居民全集居斜坡。谷底系一小溪，春冬两季，溪流即断。溪西即村落，溪东乃村民所属田亩。这些田亩，面积狭小，不上百亩，土质贫瘠，产量不丰，村民并不能赖此为生，近须采薪烧炭，背到城市售卖，购买衣物食粮。往昔村周树林密集，生活资料，多赖这些林木换取。其后树木渐疏，生活日艰，近几年来尤为困苦，一人竟日采薪，还不足获米半升。

这些夷人的居住方式跟汉人不同，人与牲畜共住一大屋，灶台、祖先堂、卧榻同在一屋宇内。灶台侧有坑火炉，炉旁就接待客人。鸡猪常在灶台四周漫游寻食，牛马引颈越栏，其舌即可舐及灶面。满屋粪草杂陈，灰烬滥漫，臭味四溢。夷胞就在这样的环境中生长起来，度着牛马一样的生活。他们的衣着，男人几全汉化，女人还保持原有装束，盛装刺绣，自具一格。关于婚姻方面乃行族内婚制，就在族内互通婚姻，间与白子人通婚也极在少数，且多在村内联姻。宗教气氛，颇为浓厚，村后山顶有一丛树，丛中有一石筑香台，结婚时新郎都须到这香台前叩拜，始去迎亲。村南端一支小山岗上，有一座土主庙，庙左侧有一小广场，广场上方有两株大树，每株粗约二尺直径，高约十余丈许。右株系白子人的祖宗树，左株系夷人的祖宗树，他们各自象征白子人及夷人的祖宗。白子人被夷人同化，这两棵树合而就为夷人的祖宗树，同受夷人的敬奉。夷人结婚把新娘接回时，新郎又须到这两棵祖宗树下三跪九叩，在平时也常献祭。广场口还有一棵送祖树，夷人送祖皆送往这树下。村中还有一个很隆重的迎烛大会在每年正月十五日举行，事先就有负专责的会头齐集村中关圣宫筹备这个盛会。所迎的烛有两支，每支重三十斤，是日鸣炮敲乐将这两支大烛迎入土主庙，插在土主两侧。村民选出两个老翁，充当香老，专门侍奉这两支大烛。这一天本村与茨沟、小墨雨的居民，每家都各带炊具齐集后侧广场，各起炉灶，杀两只鸡分别献祭大烛和祖宗树。

本系选择这个夷族社区作我们研究社会学的工作站，因为它受新文化的影响很浅，还保有夷族原有的语言及习俗，我们可以从其中探究夷族文化之特点。社会系、社会研究室、社会研究工作站三个机构是不可分离的，乃是三位一体的整体。工作站则是研讨重心之所在，我们从研究室的书本上所寻致的一套理论，须得拿到工作站——实验室——去证验，复将证验的结果带回研究室讨论。从这样研究的结果，不仅可作学术理论上的根据，复可作社会建设的方案。学术研究的道路是漫长的，艰巨的，非一二人所能为功，尚须有志于学的青年朋友加入，共同努力。

摘自《正义报》1949 年 4 月 20 日，第 6 版

云大今日校庆

上午十时举行纪念仪式展览边疆文物　欢迎参观

国立云南大学文法学院主办之边疆文物展览会，订今明两日正式公开展览，并有社会系教授同学，为观众解释疑难。该会原定于每日上午九时至十二时，下午二时至五时展览，今改为上午九时至十一时，下午一时至五时，欢迎各界人士按时前往参观。

今天为云大二十七周年校庆纪念日，闻该校以物力艰难，从简举行，定上午十时，在该校至公堂举行纪念仪式，该校校友会曾议决集体参加。正午聚餐，午后各院系研究室、实验室、陈列室、解剖室、阅览室、学生宿舍，以及附属医院，一律开放，并有著作及艺术品展览，欢迎外界人士参观。北门外体育场，亦有球类、拔河、田径等比赛。兹悉该校因院系部门过多，参观人众，拟于次日，仍继续开放一日云。

摘自《中央日报》（昆明版）1949年4月20日，第6版

附录二

云大社会系近讯

（一）本系新聘教授江应樑及讲师李慰祖，均已抵校，并增聘王政先生为本系兼任教授，故现共有专任教授四名、兼任教授两名、讲师两名及助教两名，教席阵容，已相当充实。本年度投考本系之新生，亦较往年增加，现本系共有四年级整，学生人数约在四十五名左右。

（二）本系前所附设之"社会学研究室"，曾出版中文报告多种，在国内外学术界尚颇著声誉，一度因研究人员先后离昆而暂告停顿，自本年度杨堃主任接办系务以来，积极筹备，决予恢复。现已承校方拨给与本系会泽院三楼办公室彼邻之房间一所为研究室地址，除新增购中文参考书一批约百余种外，近又向外国定购英法参考书报及人类学研究仪器一批，以供实地从事西南民族研究之用。

（三）中国社会学社自成立迄今，已届二十周年，除南京总社外，平、蓉、穗各地均设有分社，现有中国社会学在昆明分社，正由本系积极筹办中，不久即可开成立大会，并宣读论文。

（四）本系为配合课程进展及便利师生作实地研究工作起见，将在昆市近郊诸夷村集中处设立一工作站，现此事正在积极进行中，日内即可实现，开始工作。

（五）本系为培植社会学及人类学研究人材，并为地方服务起见，极欢迎精通本省少数民族语文之边区学生，能参加本系研究工作。故今后对于投考本系之边区学生，已订有特别奖励办法。凡边区诸中学生，有意投考本系者，请早来与本系取得联系，本系当予以指示，俾便有所准备。

（六）本系拟征购有关西南文化之各种图书及报刊，有愿出卖者，诸函本系洽商。

摘自《中央日报》（昆明版）1948 年 10 月 9 日，第 6 版

附录三

在费孝通老师指导下云南社会学研究室的三年
学徒生活影响了我的一生 *

谷 苞

　　1937 年七七卢沟桥事变后，日寇侵占北平，我于 8 月 13 日绕道天津，乘轮船至烟台，辗转回到兰州老家。我所参加的大学生抗日宣传被查封后，曾到甘肃省抗敌后援会任宣传组长。我的朋友聂青田任联合剧团团长。他在 1938 年"九一八"事变纪念大会上揭发了当时兰州的一个大贪污案。当天夜里，军警查封了联合剧团，将我赶出甘肃省抗敌后援会。接着我因患胆毒症住院治疗。病愈后，我在兰州水车园小学当了几个月的教员，积攒了路费，前往云南省昆明市的西南联合大学（北京大学、清华大学、南开大学三所大学合办）复学，我仍被保留着清华学籍，转系入社会学系。1941 年毕业后，留校在清华大学国情普查研究所任助教，因不愿从事人口学与统计学的工作，仅工作了三个月，就参加了费孝通教授主持的燕京大学与云南大学合组的社会学研究室。当时在费孝通教授指导下从事研究工作的人员，共有四人，即张之毅（湖南长沙人）、史国衡（湖北枣阳人）、田汝康（云南昆明人）和谷苞（甘肃兰州人）。我们的年龄和费教授的年龄相比，有的比费教授只小二三岁，我相差六岁，因此，我们和费教授都属于同一代人。只是因为费教授在学术水平上比我们高很多，我们都心悦诚服地称他为老师。当年在费老师指导下，张之毅完成了《禄村农田》《易村手工业》，史国衡完成了《昆厂劳工》，田汝康完成了《摆夷的摆》（傣族所信奉的南传佛教的一种宗教仪式）。当时为抗日战争时期，

---

　　*　载谷苞《民族研究文选》（四），兰州：兰州大学出版社，2007。

物质条件艰苦，这些书稿都是用大后方生产的土纸印的。《禄村农田》《易村手工业》的铅印本，也用的是土纸。这些调查研究的报告，均由撰写人在"席明纳"（seminar）作报告，由与会人员提出各种意见，提供给撰写人作为修改的参考。这是一种提倡学术民主、集思广益的做法。同时，费老师还请许烺光教授给我们四人讲授英语，是为了提高阅读英文著作的能力，也是为出国留学准备条件。

当时我们的研究室设在呈贡县县城外的一座魁星阁里，有三层楼，下层大，上层小。上层是我和史国衡的单身宿舍；中层设有六张书桌和一个大书架，是读书、写作、开"席明纳"的地方；下层是厨房和洗脸间。当时我们大家物质生活的条件虽然很艰难，但是从事学术研究的热情却很高。这里请让我抄录费老师的两段情真意切的话，作为证明。

1939年春季，我在西南联大兼课，张之毅同志在我班上听课。他从清华大学社会学系毕业后，首先自愿报名参加我主持的社会学研究室。由他带头陆续有史国衡、田汝康、谷苞、张宗颖、胡庆钧等同志参加，加上云南大学教授许烺光先生和燕京大学硕士研究生李有义同志，形成了一个研究队伍。魁阁的学风是从伦敦政治经济学院人类学系传来，采取理论和实际密切结合的原则，每个研究人员都有自己的专题，到选定的社区里去进行实地调查，然后在"席明纳"里进行集体讨论，个人负责编写论文。这种研究工作的方法，确能发挥个人的创造性和得到集体讨论的启发，效果是显然的。

这一段时间的生活，在我这一生里，是值得留恋的。时隔愈久，愈觉得可贵的是当时几位年轻的朋友在一起工作时，不计困苦，追求真理的那一片真情。以客观形势来说，那正是强敌压境，家乡沦陷之时，战时内地知识分子的生活条件是够严酷的了。但是谁也没有叫过苦、叫过穷，总觉得自己在做着有意义的事，吃得了苦，耐得了穷，才值得骄傲和自负。那种一往情深，何等可爱。这段生活在我心中一直是鲜红的，不会忘记的。（上面两段引文，均见《费孝通文集》第11卷135页和134页，北京群言出版社，1999。）

人的一生，是会有各种不同际遇的，不同的际遇会造成不同的发展前景。我庆幸自己能有这样一个美好的机会，参加了燕京大学与云南大学合组的社会学研究室。在费老师的指导下，三年的学徒生活，使我开始步入了社会学研究的大门。1941 年，我曾在呈贡县南面的化城镇作了村乡传统组织的调查，1942 年又作过一次复查，并写成《化城村乡的传统组织》，这本书稿油印以前，曾在魁阁的"席明纳"作过汇报，根据大家提出的意见，特别是费老师的意见，曾认真修改、补充过两次。

当我的书稿要油印时，我说由我自己刻写蜡版。费老师问我刻过蜡版没有，我说："没有，就让我学着干吧！"费老师说："那不行，用力轻轻重重不均匀，刻出来模模糊糊，不清爽，印出后，会增加阅读人的困难的，还是让我来干吧！"

当时正值费老师的宿疾——哮喘发作，我看到费老师用蜡笔疾书，听到蜡版上发出的沙沙声时，心里顿时感到既感激，又羞愧。时隔六十几年，我今年已九十岁，还清楚地记得当时的情景。

《化城村乡的传统组织》油印本印出后，有些分送给了昆明市及邻县的由内地迁来的各大学和研究单位，也有几本送给了重庆的大学和研究单位。

1943 年夏天的一个晚上，费老师给我在云南大学社会学系安排了学术报告会，我用心准备了讲稿《云南省呈贡县传统的乡村行政制度——一个社区行政组织的实地调查》。在我走进报告会的大教室前，费老师还一再叮嘱我："不要怕，你就大胆讲吧，大家会感兴趣的。"我在一百多人的大教室里，讲了一个多小时，看到大多数听众是云南大学的学生和教师，也有西南联大的学生和教师，在我讲完最后两句"感谢大家来听我刚才的发言，欢迎提出批评意见"时，后排有位同志喊道："谷同志不要走开，熊校长有话要说。"熊庆来校长是全国著名数学家，抗战前任清华大学数学系主任。听到这句话，我感到意外，很突然，熊校长走到讲台上，握着我的手说："你讲得很好，你讲的是云南的事情，我这个云南人却先前全不知道你所讲的，我听得很感兴趣。"熊校长当众对我的鼓励，我非常感激，长期铭记在心。

几天后，我到云南大学财务科去领当月的工资，发现我原来每月的工资为 110 元，这个月怎么发了 180 元。这时会计同志拿出了熊校长的批示，上面写着"谷苞助教的工资从本月起增加 70 元"。看了熊校长的批示，我除了感激之外，还能说什么呢！会计同志还告诉我，月工资 180 元，已属于讲师级的工资。当时昆明市各大学的学术空气都很浓厚，三天两头，各大学的学术团体，常请本校和外校的教授作学术报告，愿听报告的都可以听，从来不加限制。

常言道：一个篱笆三根桩，一个好汉三个帮。一个人活着，不论做人、做事、学手艺，还是做学问，都离不开别人的帮助。清朝学者汪中曾写过《释三九》一文，我记得文中说过，三和九既表明是指三个和九个的具体数目，又含有多数的意思。譬如根据我个人的体会，古语说："三人行，必有我师。"我想"三人行"固然"必有我师"，那么，四人行、五人行呢？七人行、八人行呢？能不能"必有我师"呢？答案当然是肯定的，"三人行"既指三个人行，也指多人行。

我写上面一段话的用意，是想说明，我写《化城村乡的传统组织》，是得到过许多人的帮助的，我初到化城镇时，本来是想对现行基层政权组织——乡、保、甲三层政权进行调查研究，但是在开展了这方面研究不久，却发现该镇还存在着大公家、小公家的一套传统的乡村行政组织。乡、保、甲的现行基层政权组织，是有其普遍性的，这是没有疑问的。那么，大公家、小公家的传统组织，是否也有其普遍性呢？还是化城镇独家所有的特殊情况呢？如果仅为化城镇独家所有的特殊情况，研究它的意义就会小得多，因此，我曾步行到呈贡县海晏乡等地进行调查，证实各乡都有大公家、小公家等传统组织。我也曾到呈贡县的邻县澄江县、晋宁县进行调查，该两县的乡村也有大公家、小公家的传统组织，只是完整的程度有所不同罢了。这就说明化城村乡的传统组织，在云南省传统乡村政权组织方面，是有其代表性的。据云南省的史学家们说，明代以前在云南省的汉族都融合到当地少数民族之中了。云南省的汉族是明、清以后从外省迁入的。在呈贡县的集市上，如龙街集市、化城镇集市上都有人出售一种木版雕刻的妇女半身像南京婆，买回家供奉，自认是南京婆的后裔。在上个世纪40年代，我在化城镇进行社会调查的期间，云南省呈贡县妇女的着装，上身为宽袍大袖，前襟长度到膝盖，后襟的长度遮住了臀部。下身穿着大裆裤，裤子下面的裤口，也镶花边。脚是天足（未缠足），穿的是大花鞋，鞋子的尖端向上翻成钩形，上面有一撮红线做成的鞋缨子。这种妇女的着装，跟我上个世纪50年代在甘肃岷县、临潭县一带看到的妇女们的着装完全相同。据当地汉族老人们说，他们的祖先原是明朝开国名将常遇春部——洮、岷驻防军的后裔。后来我曾在洮河流域朱扎七旗的藏族头人家里看到过常遇春的画像，每年都要祭奠。我曾看到卓尼藏族自治县县城附近的藏族妇女也穿着这种前端钩形、有丝线缨的大花鞋。凡此，都是由于文化传播在积年累月中所发挥的作用。这个过程也许是缓慢的，影响却是很明显的。

我在费老师主持的社会学研究室，当了三年学徒，初步学会了社区调查研究的方法。

1944 年秋季，我离开了呈贡魁阁，到兰州大学及其前身甘肃学院先后任讲师、副教授，讲过五年的社会学与民族学课程。这期间，我曾到卓尼藏族地区做过社会调查，写过卓尼土司制度等论文；也曾做过山丹、会宁、秦安的农村社会调查，发表过调查报告和短文。在当时南京、上海、北京、天津等地的报刊上也都发表过论文。

1949 年 8 月 25 日兰州解放的当天，我应中国人民解放军第二兵团许光达司令、徐立清副政委之约，参军第二兵团政治部，到新疆继续从事社会历史调查研究工作，这些后来的事情，另有论述。

这里我需要说明的是，在离开魁阁后，到甘肃、新疆工作的六十多年里，费老师一直关怀着我的工作和生活。他的那种"行行重行行""生命不息""工作不止"的精神，永远激励着我，不敢稍有懈怠。费孝通老师于 2005 年 4 月 24 日 22 时 38 分在北京逝世，享年 95 岁。正如《广州日报》所说："费孝通严谨治学和坚持真理的勇气，永远值得后来者景仰和终生学习。"费老师无休无止地劳累了一生，全部心血都凝聚在 15 卷、93 万余言的《费孝通文集》里，在中华民族的文库里增添了光辉。我衷心地祝愿：费老师，现在您好好地休息一下。安息吧，费老师。

2005 年 10 月写于甘肃省第一干休所

附录四

空前的民族大调查

王昭武[*]

我国是多民族的国家，但在历代封建统治下，少数民族备受压迫，以致在浩如烟海的汉文历史文献中，有关各族的记载稀少，且充满偏见和歪曲，湮没了他们的历史文化和光荣传统，伤害了各族人民的感情，影响着祖国的统一和民族间的团结，妨碍了民族工作的顺利开展，因而引起鄙人关切。

"魁阁"试探

至抗日战争初起，社会学家吴文藻为进行"社会学本土化"的试验，应熊庆来校长之约，到云南大学主持新成立的社会学系，试图用西方社会学的理念和方法，研究云南各民族的社会问题，以探索中国社会学的方向和基本理论，进行中国民族学的学科建设。

后为费孝通等先生继承。1940年云大社会学系的十几位学者，在云南呈贡县破败的魁星阁楼内，成立了"魁阁工作室"。他们各选当地的社会问题为课题，有的深入民族村舍认真调查，掌握相关资料和数据，做较深的专题研究和论述。经过几年的摸索，取得了一些经验和成绩。他们将具体生动的民族知识，充实社会学系的教学，开拓了民族学的学科建设。以此为特色，与当时西南联大和各大学社会学系的课程相区别，并推动对云南民族问题的研究。

---

[*] 中国民族学会原副秘书长。

民族成分的识别

新中国成立后，共产党创定了新的民族政策，在全国开展民族工作，注意解决存在的各种问题。当时各地向中央上报的民族名称达 400 多个，都迫切要求国家承认他们的民族地位。这显然与实际不符，但又必须妥善解决，否则影响民族工作的顺利进行。

要识别各种名称的民族成分，"没有调查研究就没有发言权"。为此，中央从 1950 年秋起，便分批组织中央民族访问团，先后到全国各地向各族人民进行访问，宣传民族政策、开展民族工作。其中吸收了费孝通、林耀华等一批社会学家和民族学家及各大学社会学系的师生和民族干部，调查当地少数民族的基本情况。特别对各种名称的族群，运用民族学的科学方法进行专项调查，根据民族科学原理，逐一综合、分析，论证其族属关系，以确切的证据，供中央研究审定，终于陆续确定了我国 55 个少数民族的民族成分，显示了民族科学研究的作用。

有鉴于此，中央注意在北京和各地建立民族科研机构。从 1953 年起，将清华、北大、燕京、辅仁等大学和各地的部分民族学、社会学、语言学的专家和干部，陆续集中到北京中央民族学院研究部，有潘光旦、杨成志、翁独健、牙含章、冯家昇、王静如、闻在宥、王钟翰、付乐焕、楚明善等。其中有原云大社会系的师生吴文藻、费孝通、李有义、林耀华、刘尧汉、马恩惠、严汝娴、高志昌、高曼云、王昭武等，共 100 多人，形成当时全国民族科学研究的最高殿堂，在费孝通主持下，承担民族研究和民族教学任务，其他各地各大学的民族科研部门相继建立。但因民族资料和专业人员缺乏，难以适应民族工作的发展需要。

民族大调查的展开

至 1956 年，我国掀起社会主义建设高潮。各民族地区也在飞速发展变化，有的提出民主改革的要求。因各地各族差别较大，情况错综复杂，改什么？如何改？必须首先弄清实情。为此，当年年初，毛主席及时对全国民族工作发出重要指示，据彭真同志传达："毛主席说：我们有些少数民族准备进行民主改革了，需要把少数民族的社会历史情况弄清楚，以便采取相应的对策。"他详加指明："现在我国少数民族处于各种不同的社会发展阶段，有原始社会形态、奴隶社会形态、封建社会形态，以及这几种社会形态的过渡状态。现在世界上还不知道其他国家，还保留哪几种社会形态？我国少数民族地区这几种社会形态都有，是一部活的社会发展史，是研究社会发展和历史唯物主义活的宝贵材料。"他着重指出："少数民族地区进行民主改革和社会主义改造之后，社会面貌将迅速变化。因此，现在要赶快组织调查，要抢救，把少数民族这些历史情况，如实记录下来。这些事情早做比晚做好，早做，能看到本来面目；晚做，有些东西就没有了，只能靠回忆了。"他说："我看这事就请你主持吧，由全国人大民委从全国范围内，调集专家、干部进行调查。"（引自《百年潮》2001年11期）

彭真当即接受任务，他说："毛主席讲得很好，我当时向毛主席表示，一定要把这件事做好！"当时指定全国人大民委副主任刘格平、中央民委会副主任刘春和中央民族学院副院长费孝通，组成全国调查组的领导核心，确定了工作方针，在4～7年内，弄清全国各主要少数民族的社会性质，收集历史发展资料和特殊风俗习惯，为各民族各编一本简史。

各方人士闻讯深受鼓舞，纷纷要求投身这个史无前例的民族大调查。人大民委和各省区的统战、民委部门广集人才，从北京大学、人民大学、中央党校、中国科学院历史所、经济所、中央民族学院研究部以及各地的民族学院、各大学的历史学师生、当时的民族干部，包括民族语言、历史、考古、文学、美术、音乐、戏剧、建筑等各方面的专业人员等一千多人，参加到全国16个调查组中。其中有原云大社会学系、历史学、中文学的大批师生，如费孝通、林耀华、岑家梧、方国瑜、江应樑、杨堃、李有义、谷苞、胡庆钧、刘尧汉、吴从众、尤中、木芹、赵大富、黄宝璠、杜玉亭、王承权、李近春、龚荫、曹成章、王昭武等。

中央为专家们提供英雄用武的机会，让他们在调查研究工作中发挥各自所长。委费孝通、白寿彝、夏康农、冯家昇、翁独健、吴泽霖、林耀华、谷苞、秋浦、杨向奎、李有义、王静如、马曜、冯汉骥、马长寿、黄观璠、杨成志、王钟翰、陈永龄、宋蜀华等，指导各组的业务。他们情绪高昂，不顾年老体弱，带领组员深入边远山寨勤加访问，与群众打成一片，在精心研究中发挥重要作用，树立了良好风范。

在历时8年的大调查中，各组经历了3年经济困难的考验，还遭到历次政治运动冲击的挫折，但在当地各级党委和政府的领导和关怀下，特别是始终获得各族人民的欢迎和有力支持，保证了工作的运行。至1964年结束时，各组从亿万字的原始资料中，初步整理出各民族的社会历史调整报告及各民族的简史、简志的初稿，拍摄了十几部少数民族的电影资料片，还培养锻炼出一大批各民族的科研人才。

在此坚实基础之上，北京和各民族省区，相继成立和充实了民族研究和民族教学机构，加深各民族的专项研究，历年来从各种科研成果中，涌现出不少卓有成就的学者，培养了一大批新生力量，推动民族科研事业的发展。

辉煌的成就

至"文革"结束后，被中断的民族科研工作迅速恢复。在国家民委会领导下，组织民族问题五种丛书出版。对原有的初稿，由各地认真核实、补充调查、重新整理编写，使质量显著提高。相继出版大型的《民族社会历史调查报告丛刊》340多种，共2900多万字，以及民族文献档案100多种，共1500多万字，展现了我国各民族极其丰富的社会历史情况，向各方提供确实的珍贵史料，为举世瞩目。

与此同时，组织编写出版《中国少数民族》简明扼要地介绍我国各少数民族的社会历史和现况，被译成各国文字对外发行，获全国优秀作品奖。而出版序列的《中国少数民族简史丛书》《中国少数民族语言简志》，弥补了各民族历史文化的空缺。此外，编写出版成套的《中国少数民族自治地方概况丛书》，全面阐述新中国成立以来，全国各级民族自治地区社会主义建设的辉煌成就，体现我国各民族区域自治政策的伟大胜利。

民族问题五种丛书的公开出版，标志着当年举国民族大调查任务的圆满完成，是我国民族科学事业的智慧结晶。它将为我国民族工作的开阔发展，继续做出重大贡献。

2012 年写于北京住宅

附录五

云南大学社会学系系史大事记

（1938～1954 年）

1938 年 5 月 9 日云南大学在熊庆来校长主持下，制订由省立改为国立云南大学之后的"四年发展计划"中提出："……文法学院增设社会人类学系，以云南少数民族为对象，研究人类文化发展之过程，进而探讨如何做好少数民族工作，以期得到巩固边防之途径。……"该计划为上报教育部审批的文件。

1938 年 11 月 5 日《云南日报》报道：中英庚款董事会前后共资助 8 名科学人员到云南大学继续进行研究工作。其中受资助的社会学系教授有：

费孝通：燕京大学社会系毕业，伦敦大学人类学博士，研究西南民族问题。每月协助款 120 元。

江应樑：暨南大学史学系毕业，中央大学文科研究所硕士。研究云南僰夷族史，每月协助款 80 元。

白寿彝：燕京大学国学研究所肄业，国立北京研究院名誉编辑，研究中国回族史。每月协助款 80 元。

1938 年 11 月 8 日《云南日报》报道：吴文藻（冰心丈夫）接受云大熊庆来校长聘请，由北平来昆，下学期起将在云大担任中英庚款特设社会学讲座，并积极进行筹建社会学系工作。

1938 年 11 月 18 日国民党政府行政院决议：将省立云南大学改为国立。任命熊庆来任校长，并聘请国内外学者来校担任教授，文法学院添聘顾颉刚、吴文藻、朱炳南、陶天南、赵昉熊、吕如渊诸先生。

1938 年 11 月 28 日云南省教育厅函准云大函："以该校副教授费孝通、李有义日内赴禄丰县调查社会经济，作学术研究。预计住县工作须三四个月。惟初往调查，人地生疏，由教育厅令知禄丰县政府予以保护并协助一切，俾利进行研究工作。"

1939 年 2 月 5 日云大教授吴文藻在《云南日报》撰文《云南大学与地方需要》提出"……云南大学新近虽由省立改为国立，而其办学方针仍应密切配合地方环境。……树立纯粹学术基础，提高地方文化水准，固为其应有的使命；而训练实际人才适应地方需要，尤为当前的急务……"等具体建议。

1939 年 7 月 28 日云南大学文法学院社会学系在昆明呈贡县斗南村成立。与此同时社会学研究室亦成立。聘原燕京大学教授、社会人类学家吴文藻为系主任，聘陶云逵、雷洁琼、费孝通、许烺光、瞿同祖、史国衡、张之毅、陈达、潘光旦、李树青、倪中方等为社会学系教授。

1940 年 11 月 23 日《云南日报》报道：农民银行上年曾补助云南大学国币 1.5 万元，作农村经济调查之用，该行以该项工作成绩甚优，本年度仍继续补助。

1940 年 12 月，吴文藻先生辞去云南大学教授，赴重庆任教。

1942 年 9 月，熊庆来校长聘请陶云逵先生任云大社会学系代主任。

1943 年 8 月，熊庆来校长聘请费孝通先生任云大社会学系主任职。

费先生早年系燕京大学社会学系吴文藻教授的学生，燕大毕业后赴英国伦敦经济学院攻读博士学位，师从英国著名人类学家马林诺夫斯基，系人类学中的功能学派。当年云大社会学系开设课程系文化人类学，是研究人类社会、人类行为和人类本性的科学。功能学派认为每种社会文化都具有满足人类生活需要的某种功能，在方法上提倡"田野工作"即深入实际进行调查研究。此时的云大社会学系，由于受吴文藻、费孝通先生的影响，在学术上属于功能学派，在教学上继承和发扬了功能学派的优良传统。

1941 年 6 月 24 日云大奉教育部令添设"摆夷语"科目，造就专门人才以供需要。学校当局交由文史、社会两学系会商设置。

1942 年 3 月新聘林耀华为社会学系副教授。

1942 年 4 月 20 日，为云大 20 周年校庆，在泽清堂举行了隆重的庆祝活动，参加校庆活动的有西南联大校委梅贻琦、云南省教育厅长龚自知及各机关代表、各界来宾、校友及在校师生等约三千人，熊校长在致词中对中央及云南省政府和各界人士对云大的支持爱护深表谢意，指出我校两次被日寇飞机轰炸，损失严重，深得各方大力支持，在短期恢复重建，使弦歌不辍。为表示庆祝还举行了运动会、展览会、游艺会等，在庆祝期间还举办了纪念演讲、撰写学术论文等活动，社科方面有潘光旦的《当代社会思想》、王赣愚的《自由主义之危机》、冯友兰的《义利辩》、林同济的《贵士传统与中国文化》，自然科学方面有华罗庚的《模式论》、王树勋的《生活机能的物理化学分析》、赵雁来的《近百年有机化学之贡献》等。

1942 年秋季开学，社会学系由呈贡县斗南村迁回昆明翠湖北路云南大学校址内上课。

1942 年 11 月 16 日太平洋学会云南大学分会开始在每星期一下午 7 至 8 时举办一次公开学术演讲，共 7 讲。第一讲李有义：《汉夷杂居区经济》。第二讲费孝通：《小农经济的基础》。第三讲张之毅：《乡村手工业的形态》。第四讲张之毅：《土地与资本》。第五讲史国衡《战时后方新工业的人力基础》。第六讲许烺光：《巫术与医药》。第七讲谷苞：《乡村行政结构》。以上各讲均系社会学系各位教师的研究成果汇报。

1943 年初，费孝通、闻一多、吴晗等先生参加了由法律系周新民等教授发起组织的《西南文化研究会》，经常能够举办学术报告，讨论时事，引导各种不同学派、流派的知识分子，摒弃歧见，在抗日、民主、进步的旗帜下团结起来。

1943 年 2 月 1 日中国社会学会昆明分会在云大举行第一次年会，讨论战后社会建设问题，宣读论文。会期两天，宣读的论文有：李景汉《战后农村建设问题的讨论》、吴泽霖《边疆的社会建设》、李有义《士气与社会》、李树青《中国家族制度的结构及其重建》，出席年会的有陈达、吴泽霖、李景汉、陈序经、伍纯武教授等 20 多人。

1943 年 6 月 5 日费孝通教授以云南大学派送的应邀教授身份"去美沟通文化"。于 1944 年 8 月 25 日返回昆明。他在美国期间，把云大社会学研究室的研究成果编译成书，在美国出版，书名为《乡土中国》《中国进入机械时代》。他把在美访问所写的通讯加以汇编，于 1945 年 1 月出版《人情与邦交》，8 月又出版《初访美国》，先由美国新闻处出版，后由生活书店出版。

1943 年秋季开学后，社会学系二年级学生张纪域、侯奉瑾与其他系几个同学发起并报学校当局批准同意组成"云南大学学生自治会筹备小组"开展以"钻研科学,研究真理,鼓励学行,举办学生福利,树立良好风气"为目的的学生自治会成立活动,经过一段时期的酝酿,各个系级都按人数比例选出代表,作为全校学生的最高权力机构,在此基础上于同年11月以不记名投票方式,从中选举出云南大学第一届学生自治会,共有包括张纪域、侯奉瑾在内的十五名干事,张、侯分工负责处理学生福利事宜。在他们努力下,短期内解决了全校学生饮水、洗衣、理发、沐浴等问题,深为广大同学称赞,使学生自治会在学生中树立起良好的形象。云大学生自治会的成立,标志着云大学生民主进步意识的进一步觉醒。自此后,昆明各大中学亦纷纷成立学生自治会,昆明学生的民主运动蓬勃开展,方兴未艾。

1944年1月26日云大社会学系教授、原南开大学文科研究所边疆人文研究社主任陶云逵逝世,云大、联大两社会学会等六团体举行了追悼会。

1944年5月31日《云南日报》社论:《当前经济政策的检讨》中提到最近《大公报》刊载昆明各大学费孝通、戴世光、鲍觉民、伍启元、杨希孟五教授合撰"星期论文"一篇,讨论现阶段的物价及经济问题,语重心长,发人深省。

1944年7月7日,在中共云南地下党组织领导下,由云大、西南联大、中法、英专四大学学生自治会发起在云大至公堂举行"七七"抗战七周年纪念时事座谈会,参加座谈会的有闻一多、曾昭抡、罗隆基、潘光旦、潘大逵、朱驭欧等教授及各大学学生约三千人,座谈由回顾七年抗战开始,谈及由于领导不力,缺点失误太多,影响抗战建国的成功至深至巨,发言的教授异口同声谴责国民党政府独裁专制,腐败无能,呼吁爱国师生发扬"五四""一·二九"精神,为坚持抗战、争取民主自由而斗争。

1944年秋季开学,社会学系研究室与云南省经济委员会合作,由经济委员会出资出版多种刊物,并译成英文,编入太平洋学会报告集及美国哈佛大学社会学丛书。

1944年10月10日,在中共云南省工委积极组织下,得到民主同盟云南支部的配合,发动了各大中学同学在市区内昆华女中操场举行"纪念双十节,保卫大西南"的群众大会,由李公朴主持,吴晗、罗隆基教授等发表演说,闻一多宣读大会宣言,表示坚决响应中国共产党关于废除国民党一党专政，成立民主联合政府的主张，呼吁全省各族人民在日寇大举进攻西南大后方的紧急关头，动员一切力量，保卫大西南。会议开始不久，即有特务趁机捣乱，出席大会的云大学生自治会干事杨维骏、张纪域号召参加会议同学共同维护好会场秩序，使特务分子破坏会议的阴谋未能得逞。

1944年11月，按照学生自治会章程任期届满应予改选，在改选中，进步学生经过艰苦努力，激发同学向往进步热情，战胜了与国民党特务沆瀣一气的三青团的破坏竞选活动，以不记名投票方式选出干事17人，全部是进步同学，社会学系张纪域连选连任。

自此，云大学生自治会成为中共云南地下党领导下的公开合法群众组织，广泛开展爱国民主运动的组织领导工作。

1944年12月25日，由于国民党取消了云南起义护国运动作为全国性纪念日而引起云南地方人士强烈不满，在中共云南省工委领导下，云大、联大等校学生自治会发起于当日在云大至公堂召开护国运动30周年纪念大会，出席大会的除了一些大学教授外，还有云南地方耆老由云龙等，社会各界人士及大学生等共数千人。大会由潘光旦教授主持，地方耆老由云龙发表演讲，提出"消灭独裁政治，立即实行宪政""武装民众，保卫大西南"等，并通过大会宣言，指出保证抗战胜利的唯一办法是实行民主政治，组织联合政府。大会结束，举行了示威游行，显示出云南爱国民主力量的强大和广泛。

1945年4月6日，云大学生自治会在云大至公堂举办时事座谈会，首先由楚图南教授讲《克里米亚会议与中国民族解放运动》，继由周新民教授讲《旧金山会议与中国政局》，费孝通教授、吴晗教授也都讲了话，会后学生自治会代表全校学生发表了《国是宣言》，痛斥国民党的无能统治，提出"组织联合政府，取消特务组织，减轻人民负担，严惩贪官污吏及抗战不力将领"等要求。

1945年5月4日，以联大、云大、中法、英专四大学学生自治会名义，在云大校内草坪举行"五四运动纪念大会"，参加大会的有学生、教职员工、记者、外国友人共数千人，吴晗、闻一多、潘光旦、李公朴教授先后作了大会发言，号召大家发扬"五四"争民主、爱科学的精神，关心国家大事，会后举行了声势浩大的游行，并通过了组织"昆明学生联合会"的决议。

1945年8月15日，日本法西斯侵略者宣布投降。至此，抗日民族解放战争结束，经历了生死存亡的浴血奋战，军民牺牲三千多万人，终于取得胜利而宣告结束。消息传来，全校师生一片欢腾，昆明学联举行了"从胜利到和平"时事座谈会，著名学者、教授周新民、刘思慕、吴晗、闻一多纷纷发表演讲，分析形势，强调要民主、反对内战，提出迅速召开包括国民党、共产党和中国民主同盟及无党派的社会贤达在内的政治会议，惩办危害国家民族利益的汉奸、贪官污吏，成立联合政府等主张。

1945 年秋季开学后，学生中各类性质的社团组织如雨后春笋，纷纷成立，如爱好文学的学生组成"虹社"，以批评时弊见长的"北极星社"，爱好音乐的学生组成"哈哈合唱团""南风合唱团"等。社会学系以二年级学生蒋永尊为首组成"实学社"，吸收各系同学参加，有社员五六十人之多，成为当时成立较早，人数较多的社团之一。这个社还定期出刊《实学》壁报，刊载社员阅读心得体会、在学生中广为流传的《北方文丛》及其他一些社科课外书籍的文章。

1945 年 9 月云大社会学系研究室自呈贡县斗南村迁回昆明校本部。

1945 年 10 月 3 日驻昆明的国民党中央军第五军受命以武力将云南省主席龙云赶下台，由李宗黄接管了省政府。

1945 年 11 月 25 日晚联大、云大、中法、英专四大学学生自治会共同发起举办时事晚会，原定在云大至公堂举行，因学校当局迫于压力，拒绝借给会场，临时改在西南联大图书馆前草坪举行。有各大中学师生及社会各界人士六千余人参加，联大钱端升、伍启元，云大费孝通、潘大逵等教授出席了大会，并发表了演讲，主张迅速制止内战，成立民主联合政府等国事主张，会场气氛热烈，但在晚会进行到费孝通教授演讲时，突闻机关枪声大作，子弹经会场上空嗖嗖飞过，电灯亦熄灭，参加大会的师生在此种恐吓下毫无畏惧，点燃气灯，演讲照样进行，费孝通教授激昂高呼："不但在黑暗中我们要呼吁和平，在枪声中我们还是要呼吁和平!"与会群众情绪高涨，直到晚十时许，大会才宣告结束。

1945 年 11 月 26 日（即晚会第二天）昆明各报刊载了中央社消息称："西郊匪警，黑夜枪声"，诬蔑前晚时事座谈会是"匪警"，引起"枪声"，同学们看到报纸，十分愤慨，纷纷提出举行罢课抗议，到下午，全市大中学校均相继罢课，要求澄清事实真相，惩办造谣诬蔑者，但国民党省市当局毫不理会，全市 34 所大中学校均宣告罢课抗议。

1945 年 11 月 27 日经过多日酝酿的学生自治会改选工作进行，采取不记名方式投票选举，共选出 19 名干事为新一届学生自治会成员，与此同时，还宣布以学生自治会为主体的"罢课委员会"成立，作为领导全校罢课活动的合法组织，社会学系有陈克祥、李靖姝二人被选为自治会干事。

1945 年 12 月 1 日上午 10 时许，身着军服的武装暴徒约数百人分头向云大、联大新校舍、联大师院、联大工学院等校进行挑衅活动，冲进校园捣毁教具、殴打师生，进攻师院的暴徒竟丧心病狂，投掷手榴弹，炸死学生三人（师院学生潘琰、李鲁连，昆华工校学生张华昌），重伤五人，进攻联大新校舍的暴徒用手榴弹炸死南菁中学教师于再。至此共有四位师生牺牲，重伤 25 人，轻伤 30 余人，造成震惊中外的"一二·一惨案"。惨案发生当日晚即有云大教职员工 71 人签名发表《为昆明市学生罢课并受枪击遭致伤亡事件敬告各界书》，声援广大罢课学生的正义行动，以后又有联大及各大中学教师 298 人签名的宣言说明十二月一日学生惨遭屠杀事实真相，并要求严惩凶手，伸张正义。

12 月 24 日，西南联大常委梅贻琦、云大校长熊庆来举行记者招待会，报告"一二·一惨案"经过，指出此次惨案实为地方党、政、军当局"处置失当"的"一大错误"，12 月 26 日昆明各报刊载了梅、熊两位大学负责人的讲话全文，蒋介石见事态扩大，难以收拾，指派卢汉任云南省府主席，宣布对云南警备司令关麟徵"停职论处"，省主席李宗黄调离云南，经过近一个月的斗争，昆明市大中学校罢课联合会（简称"罢联"）宣布停灵复课。

1946 年 3 月春季开学，昆明市联决定于 3 月 17 日为"一二·一惨案"牺牲的四位师生举行盛大的出殡游行，这是一次强烈控诉国民党血腥镇压罪行的示威活动，广大市民都涌到街头为烈士们送行，出殡游行结束，将烈士棺木安葬于联大校园内。

1946 年 3 月下旬，为加强"一二·一"运动以后学运领导，学生自治会又进行改选，新选出的 21 名学生自治会干事中，社会学系陈克祥、李靖姝二人连选连任，另增选社会学系二年级学生蒋永尊为本届自治会干事，社会学系共三人被选为本届学生自治会干事。

1946 年 5 月，西南联大决定复员北上，决定将师范学院留昆，成立"昆明师范学院"，学生运动的领导组织昆明学联因联大复员而迁至云大办公。

1946 年 7 月 11 日，西南联大复员北上最后一批学生离昆，当晚八时许，李公朴先生外出返家途中遭国民党特务暗杀于大兴街头。

1946 年 7 月 15 日，即李公朴先生遇难后第四天中午，"李公朴先生治丧委员会"在云大至公堂召开李公朴先生死难经过报告会，到会千余人，大会由学联常委蒋永尊主持，闻一多先生闻讯前来参加，当李公朴夫人悲痛陈述李先生遇难情况时，闻先生愤慨地走上主席台，高呼："多么卑劣啊，这里有没有特务？你敢站出来和大家讲理吗？……我们在真理面前无所畏惧，我们随时和李先生一样，前脚跨出大门，后脚就不准备再跨进大门！"他如狮子吼的演讲，使参加大会的群众受到极大鼓舞并报以热烈的掌声，报告会结束后，闻一多先生又至府甬道出席了《民主周刊》社召开的记者招待会，至下午五时招待会结束，返家至西仓坡联大教授教职员宿舍门口，潜伏于附近的特务开枪射向闻一多先生，闻先生当场中弹身亡，陪同他返家的长子闻立鹤也身受重伤。

1946 年 7 月下旬，由于相继发生李、闻惨案，云大一批进步教授费孝通、楚图南、周新民等均被迫离校，部分参加学运活动的学生离校下乡。社会学系学生陈克祥、蒋永尊等先后离校。

1946 年 9 月，秋季开学时，云大学校当局聘请张之毅教授代理社会学系主任。

1947 年 1 月，昆明学联组织全市大中学生在云大集会抗议美军在北平强奸女大学生事件，提出撤退驻华美军、废除中美商约等五项要求，发表《抗议美军暴行宣言》，这次活动发动十分广泛，包括社会学系在内的各系同学大部分都参加了集会活动。会后，举行了声势浩大的示威游行，并向美国驻昆领事馆递交抗议书。

1947 年 3 月，学生自治会届满进行改选，这次仍实行全校性无记名投票选出 21 名新一届自治会干事，其中社会学系有马丽、周新栋（周康）、袁毓芬三人被选为这一届自治会干事。

1947 年以来，物价不断高涨，师生生活水平逐日下降，新学年开学不久，传来平津等地学生发起助学运动的消息，学生自治会便联系昆明师范学生自治会共同在云大成立学生助学委员会，统一领导，三天向社会各界募得助学捐款 2.5 亿，整个助学募捐活动共进行了二十余日，胜利结束。

1947 年 8 月，从法国留学回国在台湾大学任教的金琼英先生，接到云大熊庆来校长聘请，欣然接受为云南大学社会学系教授，讲授社会学概论、逻辑学等。金先生到云大后，正逢学生抗议国民党当局的倒行逆施，受到当局的镇压迫害，金先生对学生的无辜受迫害深感同情。

1947 年 11 月 6 日傍晚，十余名云大学生饭后从大兴街返校途中，一位走在后面的外语系学生何丽芳（女）遭到街头特务强行逮捕，当晚学生自治会召开紧急会议，四处打听何丽芳下落无结果，因之决定开展人权保障运动，7 日组织了全市三万大中学生举行人权保障示威游行，并赴五华山省政府所在地向省主席卢汉请愿。要求释放何丽芳。

1947 年 11 月 14 日，云大学校当局发出布告声称据十一月十三日校务会议决议二事：1. 惩处"违反校规，招引他校学生入校，扰乱秩序等情节严重"的学生共 25 名，其中开除九名（其中社会学系马丽、李靖姝二人），记两大过两小过 15 名（其中社会学系有周朝栋、郑权、袁毓芬三人），扣发文凭 1 名；2. 解散云大附中，这一校方布告还作为重要消息刊载于 1947 年 11 月 15 日《中央日报》（昆明版）。

1947 年 11 月 28 日云大训导处贴出布告称接到云南省警备部送来的《云南大学共产党员及为共产党工作人员名单》，希望各有关学生自行前往法院自首登记，名单共列出 31 人，其中社会学系有蒋永尊、马丽、李靖姝、郑权四人。

1948 年 4 月，熊庆来校长聘请北平燕京大学杨堃教授任云大社会学系主任，夫人张若名教授（中文系）同机到达昆明。

杨堃先生 1930 年留学法国获里昂大学文科（社会学）博士学位，回国后先后在河北大学、中法大学、清华大学、北平师范大学及燕京大学任教，他治学重点是民族学与人类学及社区研究等，到云大后的治学重点为研究西南少数民族，开讲社会学、民族学等课程。

1948 年 4 月"社会学系研究室"经杨堃先生倡议在昆明西郊筇竹寺附近的彝族聚居村小麦溪建立了"民族调查研究站"，由本系 1947 年毕业留校的刘尧汉在该站值班。

1948 年 6 月，杨堃先生担任云大社会学系主任后，便积极充实师资队伍，在杨堃先生早在北平认识的云大文史系方国瑜教授及在云南学术界声望甚高的云大文史系主任徐嘉瑞等先生的介绍下，向学校当局推荐并聘请了傅懋勣先生、江应樑先生、赵纪岑先生为社会学系教授，相应开设了语言学、民族学、政治经济学等课程，并请李慰祖讲"人类学"，请袁绩藩讲"劳动保险与保护"。

1948 年 6 月，昆明学联组织各个学校响应北平、上海等地学生发起的"反对美国扶植日本军国主义复活"的爱国运动，竟遭到昆明军政当局的无理禁止，6 月 17 日昆明各大中学万余学生不顾武装军警的阻挠，集中在云大校内操场举行了控诉美国扶植日本复活军国主义、危害我民族的演讲会，号召爱国同胞反对美国这种做法，会后还举行了示威游行，并到美国驻昆领事馆递交了抗议书。在游行结束后，有部分回学校的学生竟遭到军警特务逮捕，引起了学生的愤慨，学生宣布罢课抗议军警的横行。

在学生罢课期间，当局又指使警特深夜到求实、松波中学抓人，为此学联决定将罢课学生约千余人集中于云大及南菁中学两校内继续罢课。

1948 年 7 月 15 日凌晨四时国民党军警特务分别向云大、南菁两校的罢课学生大举进攻，驻云大的罢课学生集中会泽院坚决抵抗前来进攻的警察，进攻者使用消防水龙头、烟幕弹、机枪扫射，并升级到用飞机凌空侦察，均未能使学生就范。7 月 16 日下午卢汉及何绍周（警备司令）亲临云大会泽院楼下向学生提出保证不抓人，将被围学生哄下楼按名单逮捕，进攻南菁的宪兵从学生集中的至公堂屋顶揭瓦攻下大楼，也逐一逮捕学生。被捕学生在押期间，受到严刑拷打，始终不屈不挠。经过特务们"筛选"，最后有 76 名"重大嫌疑者"于 28 日送"特种刑事法庭监狱"，这些人中有 19 名系云大学生，8 人为云大附中学生，共 27 人，云大学生中社会学系有周朝栋、郑权两人，除此外，被捕学生中有 428 人送进"夏令营"集中"进行感化"，其中社会学系有袁毓芬 1 人，350 名年龄较小的学生由家长具保释放。

被投入监狱的师生，不畏强暴，坚贞不屈，虽在狱中仍坚持与反动派进行不懈斗争。在全国解放战争节节胜利的形势下，经中共云南地下党的多方营救，在社会各界和学生家长的声援下，国民党当局被迫于 1948 年 9 月 5 日宣布结束"夏令营"。11 月底，关押在特刑监的师生开始被营救出狱，至 1949 年 4 月释放完毕。出狱后大部分都转移到农村参加反蒋武装斗争，他们与工农相结合，像革命的火种，点燃云南反蒋游击战争的烈火，为云南的解放事业立下汗马功劳，其中社会学系同学和其他系同学一样，许多人都成为创建"边纵"武装的骨干分子。据不完全统计，云大学生下乡参加武装斗争的先后共有 600 余人，在解放战争及清剿残匪中牺牲的烈士共有 60 余人。社会学系蒋永尊于 1946 年下乡后被中共云南省工委指派到滇东北地区组建反蒋武装，1947 年中共云南省工委任命他为滇东特委书记并派他到滇东南建立另一根据地，11 月 6 日在前往新区途中被土匪包围，不幸牺牲，时年 27 岁。省工委为纪念他和另一位在对敌斗争中牺牲的云大学生傅发焜烈士，决定将滇东地区的几支反蒋武装编成一个支队，以两位烈士名字命名为"永焜支队"，其后来成为中国人民解放军滇桂黔边纵队第六支队，战斗在昭通、曲靖地区二十余个县境内，为滇东北的彻底解放创造了条件。

1948 年 10 月开学时由于"七一五"反美扶日爱国运动被残酷镇压后，大批进步师生已被迫离校，中共地下党又派了些党员骨干入校充实革命力量，如社会学系的王裕昆同学等。此外中学考入云大的新生中也有许多共产党员和民青成员。因此云大地下党组织又得到了增强。为了团结师生，地下党发起了"校内师生团结互助运动"。捐钱捐物慰问生活有困难的师生，帮助有困难的新生办理申请缓交或减、免交学费的手续；以及继续抵制国民党三青团施舍美军剩余破烂物资。社会学系师生捐献颇多，新生董竹仙捐献大米五袋约两百多公斤。在慰问活动中增进了师生感情，团结了同学，巩固了党的群众基础。

1948 年 10 月，在中共昆明市工委的领导下，云大建立了党的总支委员会。由 1949 年 4 月至 9 月，总支书记为社会学系学生党员王裕昆。

1948 年 11 月云大和部分中学的地下党组织在云大草坪（映秋院西侧）举行了营火晚会，演出民间歌舞，社会学系演出了螃蟹歌、西藏舞曲、新疆舞曲，整个晚会气氛热烈，打破了"七一五"后的沉闷局面，鼓舞了革命士气。

1948 年 12 月初，云大地下党组织发动了云大学生"探望慰问监狱中的同学"行动，数百人到钱局街国民党的"特种刑事法庭监狱"中探望"七一五"运动中被捕的在押同学，社会学系列队参加探望。

1948 年 12 月，地下党组织发动成立了云大学生"系级代表会"来代替已被国民党解散了的学生自治会，作为学生运动的公开指挥机构。社会学系推选张忍清等为系级代表。

1948 年 12 月下旬，为庆祝淮海战役伟大胜利，云大地下党在至公堂举行时事晚会，邀约进步师生参加，举手发言，讲述淮海战役情况，宣传了解放战争的胜利形势，打破了国民党封锁新闻、禁锢舆论的沉闷气氛。

1949 年 1 月中旬寒假前夕，社会学系地下党在会泽院三楼的社会学系图书资料室举办读书讨论会，邀请系主任杨堃先生等进步师生参加，由二年级学生王裕昆主持，讲述淮海战役胜利和华北解放战争的胜利形势。

1949 年 2 月 22 日，云大教授杨堃、方国瑜、李吟秋等撰文揭露国民党中央银行昆明分行扣压追加云大经费，致使云大教职员工不能按时领到工资，面临断炊的危险，激起云大教职工对中央银行及其主管的愤慨。

1949 年 4 月 20 日云南大学 27 周年校庆之际，中共云大地下党组织通过系级代表会举办了许多革命宣传活动，30 多个系级墙报内容都是进步的、革命的。在云大草坪举办的营火晚会内容也是以歌舞、活报剧等宣传革命的胜利形势，揭露国民党蒋家王朝的反动腐败、分崩离析的末日情景。社会学系在营火晚会上演出了"金圆券用不脱"等活报剧和歌舞，同时刊出了内容丰富、思想进步的墙报，此外系主任杨堃教授主持举办了江应樑教授等在西南少数民族地区调查研究中采集的大量文物、实物、图片的"中国西南地区民族文物展览"，展厅设在会泽院一楼东端的两个教室内，内容有彝、苗、壮、侗、瑶、藏等各族衣帽服饰，生产、生活用品，祭神祭祖用品，文化娱乐歌舞及婚丧礼俗风情介绍，如壮锦、蜡染、百褶裙、筒裙、银饰、贝壳、木碗、竹器、牛角号、象脚鼓、葫芦笙、藏氆氇、凉山披毡、阿昌刀、藏刀、纳西东巴经、象形文字，特别是传为《三国演义》中的藤甲兵原型的景颇藤圈、彝族"装灵魂"的葫芦等鲜为人知的文化礼俗，引起各界人士的极大乐趣，从早至晚参观者络绎不绝。

1949 年 5 月，"五四"前后，云大地下党组织发动广大同学开展了丰富多彩的纪念"五四"三十周年活动。发动同学走访教职工，争取他们对学生运动的支持，重点是走访德高望重有影响的教授，社会学系同学走访了系主任杨堃等，受到杨先生热情接待，杨先生表示赞同学生的爱国行动。

1949 年 6 月以后，中共云南地下党贯彻执行党中央指示，动员和派遣大批干部下乡发动群众，配合"边纵"封锁云南边疆，堵截国民党残军的逃窜，组织城乡人民准备迎接解放。云大校园内一时间出现了千百条标语口号："到农村去！""到群众中去！""为人民服务！"各系级纷纷动员进步师生或参加"边纵"；或到厂、农村去发动群众迎接解放，社会学系还在西宿舍附近空地上学开荒种苞谷为下乡练兵。系主任杨堃教授带领学生到有关单位做社会调查，积极搜集各种资料，为迎接解放、向人民政权提供接管资料做准备。共产党员和民青盟员接受组织派遣纷纷离校，校园内回荡着战斗歌声："我们的青春像海燕般英勇，飞翔在暴风雨的天空，天空是布满了黑暗，让我们飞向得更英勇。……"

　　1949 年 6～7 月，中共云南地下党组织云大学生离校下乡，发动人民群众配合"边纵"部队围歼国民党蒋残军，社会学系有员工吕数国，学生有王裕昆、和友贤、赵静庄、多吉、张炳钧、王宗尧、杜秉仁、李平三、邓德安、段克贤、李天运、黄强鼎等十余人离校下乡。未离校的则进行昆明市区发动群众工作，如尹寿铭、胡琼珍等开办平民夜校，高文英、陈桔英等在云大组织妇女会、识字班，到昆华医院开办幼儿学习班等工作。张忍清、赵锡乾、杨锐等人到昆明市救济院对被收容的青少年进行教育，对该院成员也进行了思想教育，经过宣传教育多数职员包括院长刘幼堂等都纷纷表示拥护共产党，积极支持解放接管，并表示"保护本院财产，准备移交给人民政权"。（后来也认真执行这个诺言，直到解放军入城完整地移交该院全部财产给市人民政府。）

　　1949 年 7 月社会学系民族研究站由筇竹寺旁的小麦溪村迁移到昆明东郊凤凰山天文台下的彝族撒梅人聚居村大麻苴，研究站负责人是刘尧汉老师，到站参加研究工作的有应届毕业生赵锡乾、高文英等，此外还有尹寿铭、杨锐、杜秉仁等。

　　1949 年 8 月 15 日，昆明 50 多所大中学校学生约五千人在云大草坪举行"战胜日本法西斯四周年纪念营火晚会"，社会学系在校同学积极参加。

　　1949 年 8 月中，云大校长熊庆来赴法国巴黎参加联合国教科文组织会议，于途中获悉国民党行政院命令昆明大中学校一律解散，教职员工听候甄选，学生听候甄审，云大也在解散之列。

　　1949 年 9 月 9 日国民党特务闯入学校大肆逮捕进步学生，9 月 13 日宣布解散云南大学，由国民党军警进驻学校"整肃"。

　　1949 年 10 月 1 日伟大的中华人民共和国诞生，中央人民政府在北京成立。昆明市的国民党军、警、宪、特如临大敌，警戒森严，云南大学更是防范重点。

　　1949 年 10 月 11 日云南大学在国民党军警特务 9 月"整肃"之后一个月开始办理学生登记注册手续。10 月 15 日开学上课。

　　1949 年 12 月 9 日凌晨，原国民党政府云南省主席卢汉率部宣布起义，脱离国民党蒋介石政权，接受中国共产党和中央人民政府的领导。消息传来，云大师生和昆明人民热烈欢迎和积极支持，以为和平解放可以免除战争，但两天之后蒋军空军开始轰炸昆明市区，蒋军第 8 军和第 26 军从开远、宜良等地向昆明进攻。

在中共云南地下党"边纵"的支援配合下，卢汉的起义部队进行昆明保卫战。自 12 月 15 日到 22 日云大社会学系师生员工与全校一起参加支援"昆明保卫战"，大部分人是参加修筑小东城门一带的防御工事和坍塌的城墙，工程艰苦，但师生们热情高涨，夜以继日地紧张施工，以保卫和平解放了的昆明，"大家都认为这是保卫人民自己的江山"。社会学系的另一部分师生是在系主任杨堃先生率领下，冒着生命危险送饭送水到战火纷飞的前线，慰问战士，鼓舞士气。另一部分同学杨锐（民青）、尹德祥、龚荣星、段春华、黄廷杰等参加了"昆明人民义勇自卫队"，与起义部队一起共同抗击进攻昆明的国民党军，他们参加了东郊黑土凹和北郊龙头村的战斗，以及担负维护社会治安的巡逻工作。由于云南"边纵"部队日夜兼程驰援昆明，南下解放军也从贵州省驰援昆明，进攻昆明的国民党军见大势已去，有围歼之势，仓皇向国外逃窜。段春华、黄廷杰等同学继续和起义的保安团一道追击溃逃敌军。保卫昆明的战斗于 12 月 22 日胜利结束。

1950 年 1 月 3 日云南临时军政委员会批示：（1949 年 9 月 13 日"整肃"的）云南大学"整理委员会"即日结束，在过渡时期交由"五联会"负责维持。社会学系教师李慰祖和陈年榜被选进"五联会"。由"五联会"推选产生的"云南大学临时校务执行委员会"于 1 月 21 日正式成立。

1950 年 1 月上旬，昆明学联派遣云南大学社会学系学生张忍清和昆明师范学院一名学生为昆明学生代表，持云南临时军政委员会介绍信，前往滇东沾益县城迎接南下人民解放军野战部队，表达各界人民热烈欢迎中国人民解放军野战军尽快进入昆明，解放全云南。两位学生代表受到解放军前线指挥部第一团政委的亲切接见，解放军对春城人民的热忱表示感谢，并告知两位代表：解放军正在滇南围歼逃窜的国民党残军，待任务完成当即进驻昆明，具体入城时间将随时与昆明联系，至此，张忍清等两位代表即告辞返昆明复命。

1950 年 1~2 月，按照中共云南地下党和学校的统一部署，社会学系开展了迎接南下的解放军进入云南接管的各项学习和宣传活动。

1950 年 2 月 20 日，中国人民解放军二野四兵团司令员陈赓，政委宋任穷率军进驻昆明，受到昆明市各族各界的人民的热烈欢迎。昆明学联组织学生在正义路南段夹道欢迎，社会学系等的云大学生参加了欢迎仪式。大家热情奔放，情绪激昂。

1950 年 3 月，社会学系讲师刘尧汉率领部分学生到东郊大麻苴民族研究站进行调查研究工作。1950 年 4 月开学，由云南大学临时校务执行委员会负责执行教育部对学校的恢复、整顿、改革、发展的方针，遵照军管会文教接管部的指示进行整顿改革。废除了"国民党党义""伦理学""哲学概论"等课程，开设"新民主主义论""社会发展简史""中国革命史"等课程。

1950 年 9 月新学年开始，社会系对原有教学课程进行了调整、改革。除杨堃讲授"社会学"外，新开的课程有："马克思主义原著选读"（金琼英）、"辩证唯物论与唯物辩证法"（金琼英）、"马克思主义民族理论和党的民族政策"（讲座）、"少数民族语言调查"（傅懋勣）、"语言学"（傅懋勣）、"社会调查"（刘尧汉）、"统计学"（陈年榜）等。随着改革后的课程内容与实习的需要，社会调查分为城市社会调查和少数民族调查，按照学生的兴趣选择，分为民族学专业和劳动学专业两个专业组。

1951 年 1 月寒假开始后，劳动学专业组的学生参加了昆明市五华区的禁烟戒毒运动，进行社会调查，了解情况，掌握资料，提供政法部门作打击贩毒和集中吸毒者戒毒工作的参考。

1951 年 7 月暑假开始，系主任杨堃教授和刘尧汉讲师率领民族学专业组学生 17 人，到武定县洒普山乌龙乡和山居村、猫街等苗族村寨和彝族村寨进行民族学社会调查，运用课堂学过的理论和方法在实践中得老师的教导和指正，有了很大提高，取得了大量调查资料，丰富了专业知识；同时也根据武定党政领导的报告宣传党的民族政策，密切党和少数民族群众关系，作了政治宣传工作。又到禄劝县的撒米答拉山镌字岩上拓印了古彝文石刻，得到了很有价值的资料。

暑假期间，社会学系另一部分学生到昆明市劳动局在昆明北郊罗丈村大庙内失业工人训练班进行调查实习，并按照劳动局提供的资料，对训练班一百多位失业工人进行政治思想教育和文化学习辅导，协助劳动局安排工人就业。

1951 年 10 月 5 日，政务院任命省人民政府周保中副主席兼云南大学校长。

1951 年 10 月社会学系二年级以上学生及部分教师按照省和学校的决定去参加土地改革，有的编入省土改工作队第五大队，前往蒙自县、建水县，有的编入第二大队去陆良县参加土改工作，到 1952 年 7 月返回学校。

1952 年 1 月寒假，社会学系一年级学生参加了昆明市的进出口、中西药业、汽车运输业的"三反""五反"运动。

1952年9月中央教育部任命李广田为云南大学副校长以及中共云大党组小组书记，校长仍为周保中兼。

1953年8月31日，西南高等教育管理局指示云南大学成立院系调整委员会，寸树声为主任委员，方仲伯为副主任委员，继续进行院系调整。文法学院政治、法律两系在此前已并入西南政法学院。社会学系当年即停止招生。

1953年10月11日，政务院公布高等学校院系调整后，全国共有高等院校182所，其中综合大学14所，云南大学是14所综合大学之一。根据政务院《关于修订高等学校领导关系的决定》，综合性大学由高等教育部直接管理。

1954年3月9日，社会学系师生属于民族学专业的并入历史系；属于劳动学专业的并入经济系，社会学系宣布停办。1939年7月便创建起来的云大社会学系到此结束。

云大社会学系创建之际正是抗日战争爆发时代，中华民族处于危急关头，深沉的民族仇恨激起人民满腔爱国主义热情。在这样历史背景下，社会学系度过了建立以来到宣布停办的十六个春秋，走出了自己的道路。回顾起来，概括地说有以下几个特点。

一、英国社会学家马林诺夫斯基提出现代人类学者应该从沉闷的书斋里走出来到充满新鲜空气的田野里去。而原来的西方人类学把重点放在研究土著落后民族的问题上，实质是为帝国主义的殖民统治需要服务的。功能学派则主张应该转而研究当代现实、当代文明人的社区生活。费孝通先生任系主任时就把这些思想引入云大社会学系，形成这个系注重深入工厂、农村、社区调查研究当代社会生活实际的优良作风，嗣后杨堃先生继任系主任，仍继承这一学风，在民族研究问题方面发扬民族平等的进步思想，符合马列主义民族团结共同进步的观点。

二、社会学与历史科学的关系非常密切，社会学系强调研究社会学要懂得中国历史、世界历史；而学历史的人则应懂得社会学，主张学科之间要交叉渗透，对学生要求扩大其知识面。

三、在教学方法上，十分重视课堂讨论，主张转变教师单方面的传授为师生间的双向交流，即席明纳（Seminar）教学方法。活跃了思想，提高了学习自觉性。

四、教师认真负责、治学严谨、关心国家大事，既保持中国传统有教无类教育思想，又容纳西方科学社会学治学方法，学生则学习勤奋，追求进步，造就出大批国家有用之才。在学术上如刘尧汉等不少老学长学有专长，成为我国社会学界知名的专家学者，为发展我国社会学研究作出卓越贡献；在政治上、在抗日战争和解放战争时期，以及解放后社会主义改造高潮中，同学们积极投身爱国民主运动及各项政治运动，很多人经受锻炼和考验，参加了中国共产党，成为当年云大学生运动的领导和骨干，如蒋永尊在反蒋武装斗争中献出了宝贵的生命，更多的人解放后成为社会主义祖国建设的可贵人才。

现在回过头来总结经验教训，我们认为，当时强调学习苏联经验，"以培养工业建设人才和师资为重点"，而撤销许多院系并把社会学系斥为"资产阶级"思想学科遭到摒弃是急功近利的片面性错误。

云大社会学系停办后将近 40 个春秋，直到中共十一届三中全会以后，在邓小平理论的指引下，经过拨乱反正，改革开放，为云大社会学系的恢复和重建创造了良好条件，终于 1995 年 9 月正式挂牌重建，并开始招收学生。重建的云大社会学系将继承和发扬老一代的孜孜不倦优良传统，为建设有中国特色的社会主义国家的社会学作出应有的贡献！

附录：

1. 云南大学社会学系教师名录；

2. 云南大学社会学系毕业生名录。

（根据部分社会学系校友提供资料及其他有关资料，由周康、张炳钧综合整理并经陈年榜教授审阅）

云南大学校友总会社会学系分会　编印

一九九九年十二月

云南大学社会学系教师名录

吴文藻	林耀华	罗振庵	杨怡士
费孝通	陶云逵	王 康	江应樑
许烺光	张之毅	金琼英	袁绩藩
潘光旦	谷 苞	刘尧汉	李慰祖
雷洁琼	胡庆钧	陈年榜	赵岑纪
李树青	万法先	杨堃	马雪如
李有义	倪中方	傅懋勣	陈宝珠
史国衡	田汝康	石埗壬	高文英
徐雍舜	陈 达	戴世光	尹寿铭
瞿同祖			

注：1. 本目录是根据回忆而成，姓名顺序基本按到系先后排列，可能会有遗漏。

2. 本目录包括助教、讲师在内。

云南大学社会学系毕业学生名单*

年份	姓名	性别	籍贯	年份	姓名	性别	籍贯
1943	安庆澜	男	北平	1949	李靖姝	女	云南剑川
1943	朱丹	女	云南	1949	马恩惠	女	云南宜良
1943	常以谦	男	河北宣化	1949	赵锡乾	男	广东台山
1944	王志诚	男	河北蓟县	1949	张起贵	男	云南华宁
1945	刘象寅	男	云南会泽	1949	高文英	女	广西南丹
1945	陈兢华	男	云南罗平	1949	袁毓芬	女	云南石屏
1946	唐培本	男	浙江吴兴	1949	查玉洁	女	浙江海宁
1946	张纪域	男	云南剑川	1950	马丽	女	云南蒙自
1946	侯奉瑾	男	云南蒙自	1950	陈桔英	女	云南会泽
1946	李铭	男	云南盐兴	1950	杨锐	男	云南丽江
1946	游钜颐	男	福建闽侯	1950	尹寿铭	男	云南蒙自
1947	刘尧汉	男	云南南华	1950	陈宝珠	女	云南昆明
1947	陈年榜	男	广东澄海	1950	多吉	男	云南中甸
1947	王本洪	男	云南宜良	1951	王裕昆	男	云南昆明
1947	何器	男	湖南宁远	1951	王宗尧	男	云南建水
1947	李奇	女	天津	1951	方笙筠	女	安徽定远
1947	禄厚坤	女	云南昭通	1951	张之模	男	云南华宁
1948	蒋永尊①	男	云南永善	1951	关学尧	男	云南永胜
1948	周朝栋	男	云南昆明	1951	胡琼珍	女	云南昆明
1948	郑权	男	云南昭通	1951	吴逸云	女	福建云霄
1948	陈克祥②	男	云南昭通	1951	黄慧贤	女	云南会泽
1948	吴镇清	男	云南漾濞	1951	王继华	女	云南东川
1948	孙惠然	男	河南郏县	1951	赵静庄	女	云南剑川
1948	彭光前	男	四川江安	1951	杨德俊	女	云南大理
1948	安永年	男	云南丽江	1952	张炳钧	男	云南元谋

---

* 此名单是"云南大学校友总会社会学系分会"1999 年 12 月编印的，我们在核对过程中，发现有一些小的错误，根据相关资料进行了必要的订正。

① 1946 年 7 月蒋永尊离校，1947 年 11 月 6 日牺牲。

② 1946 年 7 月陈克祥离校。

年份	姓名	性别	籍贯	年份	姓名	性别	籍贯
1952	和友贤	男	云南丽江	1954	严汝娴	女	云南富民
1952	杜秉仁	男	云南大理	1954	王昭武	男	云南晋宁
1952	张忍清	男	云南鹤庆	1954	刀世勋	男	云南景洪
1952	段克贤	男	陕西渭南	1954	官开甫	男	云南腾冲
1952	邓德安	男	山西/云南蒙自	1954	高继秋	女	云南昆玥
1952	李平三	男	广东丰顺	1954	徐遐龄	男	浙江
1952	胡桂秋	女	云南云县	1954	邹孟仪	女	云南昆明
1952	张瑢华	女	云南蒙自	1954	赵大富	男	云南寻甸
1952	杨明英	女	云南保山	1954	龚肃政	男	云南景洪
1952	李蓉芳	女	云南保山	1954	徐 琳	女	
1952	李天运	男	云南昆明	1954	周耀文	男	
1952	李金文	男	云南晋宁	1954	董海平	男	云南曲靖
1952	董竹仙	女	云南腾冲	1954	黄强鼎	男	
1953	傅其鸲	男	云南云县	1954	高曼云	女	云南昆明
1953	欧阳泉	男	云南昭通	1954	熊嘉骥	男	云南昆明
1953	王桂林	男	云南昆明	1954	丁维亚	男	云南鹤庆
1953	赵云兰	女	云南寻甸	1954	黄宝藩	男	云南邱北
1953	邹世恒	男	四川	1954	王耀和	男	云南昆明
1953	朱赤平	男	湖南浏阳	1954	萧庆文	女	云南昭通
1953	和发源	男	云南丽江	1954	文元伟	男	云南通海
1953	龚平政	男	云南德宏	1954	尹元生	男	江苏镇江
1953	杨琼珍	女	云南玉溪	1954	杨凤舞	男	云南曲溪
1953	龚荣星	男	云南德宏	1954	高吉昌	男	云南陆良
1953	宗惠书	女	河北	1955	赵鹤鸣	女	云南昆明
1953	车家明	男	云南弥勒	1955	赵鹤琴	女	云南昆明
1953	胡崇斌	男	云南文山	1955	董瑞芝	女	云南腾冲
1953	赵孟卿	女	云南凤庆	1955	尹琴馨	女	云南下关
1953	段春华	男	云南泸水	1955	苏开明	男	云南曲溪
1953	周世雄	男	云南嵩明	1955	庄梅英	女	云南安宁

续表

年份	姓名	性别	籍贯	年份	姓名	性别	籍贯
1955	高如贵	男	云南曲靖	1955	薛 贤	男	云南云县
1955	沈家权	男	云南文山	1955	何汉川	男	安徽
1955	施宝铨	女	云南昆明	1955	章青萝	女	云南昆明
1955	陈丽敏	女	云南昆明	1955	李 汉	男	云南昆明
1955	熊若华	女	云南昆明	1955	陈肇华	男	云南昆明
1955	杨金仙	女	云南丽江	1955	刘传麟	男	云南昆明
1955	张桂华	女	云南文山	1955	何海莲	女	云南曲靖
1955	马琼萱	女	云南个旧	1955	卢昌鼎	男	云南丽江
1955	杨光先	男	云南泸西	1955	和建勋	男	云南丽江
1955	郑树民	男	云南凤庆				

注：本名录包括：

1. 修业期满，已取得毕业文凭者；
2. 因参加革命离校、解放后按教育部规定已补发文凭者。

后　记

　　本书老照片大多是我和马雪峰老师在访问 20 世纪四五十年代在云南大学社会学系任教和就读的师生及亲属中所搜集到的，其大部分是反映当时社会学系师生从事田野调查的经历、成果，少数几张是反映 20 世纪 80 年代后他们的一些活动。有不少照片展现了已经消失的民族服饰、生产方式、生活方式，相当珍贵。

　　国立云大社会学系在国内外有相当高的知名度，当年师生在物质生活十分恶劣的环境中，做出大量有创造性的学术成果，享誉世界的《云南三村》成为外国学者了解中国乡村社会经济的入门读物，多次再版。社会学系师生进行研究的地方——呈贡魁阁成为从事社会学研究者的学术"圣地"，每年都有不少学者前去拜访。社会学系师生的坚韧不拔、联系实际、在"席明纳"里集体讨论的精神被称"魁阁精神"。有不少学者发论文、出专著对国立云大社会学系做过研究或介绍。

　　本书试图以视觉感观的效果，用一张张老照片，留住西南边疆各族人民当年的风采，勾勒云大社会学系师生的学习工作状况，突出表现他们所做的田野调查及其成果。本书由四部分及附录组成。第三部分，即西南边疆人民的生产、生活方式是主要内容。社会学系师生在做田野调查时，当他们发现有特点的劳作方式、民族服饰、建筑物等，立马用手中的相机"咔嚓"一声，记录下来。照相机在现代社会不算什么值价物品，而在当年却是稀世珍品，有不少人一生没有照过一次相。第一、二、四部分及附录都是围绕第三部分，向读者展现搜集到的照片或文字资料。

　　本书的难点主要在第三部分，在这部分展现近百张穿着民族服饰的人物照。服饰是走动的文化，是民族文化体系中最直观的文化事项，有着丰富的文化内涵。它深刻反映着不同民族、不同区域、不同文化传统的人们的历史演进、宗教信仰、风俗习惯、审美情趣、生产和消费以及文明程度，是人类精神文化的积淀，有着异常丰富的文化内涵。这些照片有相当高的学术研究价值，遗憾的是这些人物照片，大多没有留下文字说明。为此我们不仅查阅相关资料，还邀请云南大学民族学与社会学学院、云南省民族博物馆及云南省社科院民族研究所专门研究民族服饰的孙琦、黑少荣、王清华、金黎燕等专家帮助辨认，基本弄清了这些服饰属于哪个民族。由于时间仓促，恐有错误遗漏，请读者不吝赐教。本书编辑整理及出版，一直受到云南大学民族学与社会学学院领导、同事关心支持，原社会学系师生及其亲属陈年榜、张忍清、高文英、严汝娴、李蓉芳、张石林、江晓林，社会学青年学者王昕等为本书提供了照片，硕士生丁靖为此书出力很多，在此一并感谢！

刘兴育

2019 年 4 月 13 日

图书在版编目（CIP）数据

魁阁文献. 云大社会学田野调查老照片：1939－1954/
何明，赵春盛主编；刘兴育，马雪峰分册主编. -- 北京：
社会科学文献出版社，2019.12
（云南大学西南边疆少数民族研究中心文库. 魁阁研
究丛书）
ISBN 978－7－5201－5819－0

Ⅰ.①魁… Ⅱ.①何… ②赵… ③刘… ④马… Ⅲ.
①社会科学－文集②社会调查－调查研究－中国－1939－
1954－文集　Ⅳ.①C53②D668－53

中国版本图书馆 CIP 数据核字（2019）第 295125 号

云南大学西南边疆少数民族研究中心文库·魁阁研究丛书
魁阁文献 3
云大社会学田野调查老照片（1939－1954）

主　　编／刘兴育　马雪峰

出 版 人／谢寿光
组稿编辑／佟英磊
责任编辑／杨　阳

出　　版／社会科学文献出版社·群学出版分社（010）59366453
　　　　　地址：北京市北三环中路甲 29 号院华龙大厦　邮编：100029
　　　　　网址：www. ssap. com. cn
发　　行／市场营销中心（010）59367081　59367083
印　　装／三河市东方印刷有限公司

规　　格／开本：787mm×1092mm　1/16
　　　　　印张：11.25　字数：185 千字
版　　次／2019 年 12 月第 1 版　2019 年 12 月第 1 次印刷
书　　号／ISBN 978－7－5201－5819－0
定　　价／498.00 元（全四册）

本书如有印装质量问题，请与读者服务中心（010－59367028）联系